培养青少年的素养

王晓黎　刘玉娟·编著

吉林文史出版社

图书在版编目（CIP）数据

培养青少年的素养 / 王晓黎, 刘玉娟编著. —长春：
吉林文史出版社，2017.5
ISBN 978-7-5472-4188-2

Ⅰ.①培… Ⅱ.①王… ②刘… Ⅲ.①青少年教育—
素质教育—家庭教育 Ⅳ.①G782

中国版本图书馆CIP数据核字（2017）第107613号

培养青少年的素养
Peiyang Qingshaonian De Suyang

编　　著：王晓黎　刘玉娟
责任编辑：李相梅
责任校对：赵丹瑜
出版发行：吉林文史出版社（长春市人民大街4646号）
印　　刷：永清县晔盛亚胶印有限公司印刷
开　　本：720mm×1000mm　1/16
印　　张：12
字　　数：129千字
标准书号：ISBN 978-7-5472-4188-2
版　　次：2017年10月第1版
印　　次：2017年10月第1次
定　　价：35.80元

目 录
CONTENTS

成长的养分——挫折

　　成长是一种美丽的疼痛，就像蝴蝶破茧而出，美丽但伴随着疼痛。有时我们的成长就在一夜之间，因为挫折，因为失败，我们在这些磨难中汲取了成长的养分，变成了一个越来越理想的自己。

　　毛毛虫破茧成蝶时，要在黑暗的茧里挣扎，才能从茧里以全新的姿态出现在世人面前。整个羽化的过程是痛苦的，然而这样的蜕变又十分美妙。若是人为地去剪开茧，蝴蝶的翅膀就无法支撑起它的飞翔，正是因为那场在茧里的挣扎，翅膀才不仅是美丽的，还是有力量的。

　　曾经有人做过这样一个实验，他在一群羊中，选出了八十只各方面条件都很相近的羊，又将这八十只羊每四十只一组分成两组。他将第一组羊放在了水草丰饶、没有狼群的草原中，并且这块草原中，没有其他羊群与他们抢夺食物，这群羊过着十分安逸舒服的日子。它们天天面对的是吃不完的食物，也无须担心什么时候有狼群出现，这里的羊都很快长胖起来。

而另外一组羊，被人放在了食物相对匮乏，时而有狼群出没，并且还有其他的羊与它们争夺食物的一片草原中。它们得抢食物，还得防备狼群的袭击。然而它们却不知道，正是这种苦难，赐予了它们得以在自然界中生存下去的能力。这种能力，对于羊群来说是莫大的财富。

那些长期生活在安逸环境下的羊，慢慢就失去了对抗恶劣环境的能力，草料的充足和无天敌的安逸，使它们慢慢退化成只能在顺境生存的羊。那些常常面临着狼群攻击、食物不充足境况的羊群，虽然有的羊在这样的环境中被淘汰，可那剩下的十五只羊便是环境选择出的最优秀的羊，它们在面对周遭环境的时候警惕而机敏，那些生存的能力便是食物缺乏、同类竞争和狼群攻击所赐予它们的，被淘汰的二十五只羊起初并不比剩下的十五只弱，可是在这些危机中，这十五只羊用磨难把自己锻炼得更好，最终生存下来。

生活处处都会有失败、挫折和苦难，只有在磨难中，我们才能慢慢从一块不起眼的石头被打磨成一块璞玉。没有挫折的青春是不完整的。

只有磨难，才能刺激到成长的神经，我们能在阵痛中更加成熟起来。

也许顺境中的人更容易乐观积极，而逆境中的人则会变得悲观消极。生活中我们不仅需要心态上的乐观，还需要真正的生存能力，真正能够掌握自己的能力，真正实现梦想的能力，而这些能力都能在磨难中得到。

青春年华里，总不缺成长的记忆，大部分都是五味杂陈的，成长的感觉只有真正体会才能明白。然而很多的成长都是伴随着小小的痛苦，总有一些事与愿违，让我们突然变得懂事起来，慢慢地向更好的自己迈出新的一步。

在天堂的门口，上帝接见一个又一个已经死去的人，那些人排着队在天使的带领下走到上帝的面前。每个人走到上帝的面前都对他说了一番感谢的话。

有个人说："上帝，谢谢你给了我一颗感恩的心，我这辈子都觉得很快乐。"下一个人说谢谢上帝给了她美貌，让她一直是大家羡慕的对象。接着一个人："我这辈子做了许多勇敢的事情，谢谢上帝你给了我勇气，让我可以去我想去的地方，做我敢做的事情。"排在最后的一个人，他慢慢地对上帝说："上帝，谢谢你给了我磨难。"上帝很惊讶："为什么你不恨我给了苦难，折磨了你的身体和心智呢？"那个人笑着说："不，不，不，正因为你给我的那些磨难，我发现自己在这些挫折中每一次站起来，都会变得更有勇气和魄力，我很爱我自己，那是因为你的那些磨难打造我，我的这一生不平坦，却很精彩。"

挫折，我们都会遇到，也许当时我们会觉得那是一种折磨，可是当我们走过这些挫折的时候，却发现它变成一道风景，记录了我们人生丰富的一面；发现它变成了一种财富，为我们今后幸福的屋子添砖加瓦，发现它变成了一种养分，肥沃了我们成长的土地。

　　磨难不可怕，它也许是上帝的一种美丽的安排，让遇到它的人变得更美好的安排，也许人生越多的挫折只是为了证明，上帝希望我们更加美好，这只是一种对我们的偏爱。

今天的挫折，明天的宝藏

深山中有个武馆，是很多年轻人都想去学习功夫的地方，因为那里有个功夫最好的武林高手教人武功。

每年都有很多学生慕名而来。有一个年轻人本来想在家学习，但是他的家乡却没有会武功的师傅，因此要学武功，就得到这个离他家很远的地方。从他家到达这个地方，要翻过很多座大山，越过很多条大河，还要穿过一片猛兽出没的丛林，年轻人一开始心里有些抱怨，为什么武馆要在那么远的地方。

年轻人离开家没多久，就遇到了一座山，这座山比他之前见过的所有山都要高，都要陡峭。年轻人想要放弃，因为这座山比他想象的难爬多了，可是他又太想学功夫，于是咬着牙，爬了几天几夜，终于翻过了这座大山。过了这座山，年轻人觉得以后再也不会有什么山可以挡得住他了。

翻过高山，年轻人走着走着，前面出现了一条河，可是附近没有人可以渡他过河，他也不会游泳，年轻人又动了放弃的念头，可是他想想之前的大山都没能挡得住他，这条河怎么可能拦住他呢，况且他又那么想学习武功。于是他在河里一点一点地试探，他呛了几口水，练习了很久，终于发现他可以在水里游起来，年轻人兴奋极了，成功地游过了河，虽然已经筋疲力尽了，但是他很开心。他想，从此以后，再也没有什么河流可以拦得住他了。

终于，年轻人看到了一片丛林。只要穿过这片丛林，就可以到达学武功的地方，只是这片丛林中总有野兽出没，这一次年轻人没有动摇，坚定地走了进去。果然，丛林里的野兽开始出没，都把年轻人当成了一顿美餐，等它们攻击年轻人时，年轻人拼命求生，在与野兽搏斗的过程中虽然受了伤，但是他也没有想过要放弃，经历了千难万险，年轻人终于走出了这片丛林。

他来到武馆所在的山下，看着一级一级的台阶好像通往天空的阶梯，腿都软了，可是他依然坚持着爬上山，最后终于到达了武馆。他发现跟他一样来学武的人十分多，而且那些人比他更早到达，因为他是从最远地方来这里习武的。

在学武功的过程中，年轻人发现，经过这一路的艰难险阻，他的力量、耐力、领悟能力、身体的灵敏度都比其他人要好得多，而且一路的磨炼让年轻人更加有毅力，没过几年，年轻人就变成了最年轻的武林高手。

挫折总是穿着一件痛苦的外衣，逆境起初都是让人失望，让人不快乐，只有经过时间的洗礼，磨难才会露出它闪闪发亮的金色，才会以人生宝藏的样子出现在你的成长岁月里。受挫的时候，我们总会觉得沮丧，觉得失望，我们精神百倍地去面对迎面而来的困难，也许并没有在挫折中改变，苦难带着我们重温自己的勇气、坚韧和坚持。也许在安逸平静的生活中，我们的勇气已经沉睡很久，挫折便是唤醒它们的闹钟，并且在经历一次磨难之后，这些东西又被唤醒。

网上出了一个告示。一个广告商在某个地方藏了一份宝藏，人们可以随意报名参加。要想得到宝藏就得经历很多困难，宝藏所在地需要翻山越岭，在旅途中还设置了很多困难。很多人看了，都觉得自己不能渡过难关。

有个少年参加了这场寻宝活动，他的朋友都劝他别去了，听说很难。这个少年平时身体不是很好，并且他一直成长在顺境中，他对朋友们说："我只是想去试一试，我觉得很有挑战性。"当他加入这场寻宝活动的时候，他发现这比他想象的难多了，他和其他的参加者不仅要翻山越岭，并且还要学会怎么和其他参赛者相处。

这个少年坚持到了最后，只有他一人找到藏宝的地方，他打开宝藏的盒子，发现什么都没有，只有一张字条，"现在的你就是比一切都贵重的财富"。少年看着字条，他想起了这一路上自己如何勇敢、坚强、不服输，才最终走到藏宝的地方，他发现现在的他变得更勇敢，更坚韧，也更懂得如何与人相处，现在的他和之前的他相比起来，就像蜕变了一样，变成了一个更好的自己。他这才惊觉，原来这场藏宝活动的用意便是让每个人知道，挫折有时候带去的不一定是痛苦，而是人生另一笔财富和宝藏。

宝剑的锋利和坚韧来自于宝剑一直被反复磨砺，梅花的那股沁人心脾的香味，是那寒冬腊月赐予梅花的礼物，没有磨砺和严寒，或许，宝剑只是一块破铁，梅花只是普通花朵中的平凡一朵。正是这些看似痛苦的磨砺和严寒，才成就了它们各自的锋利和奇香。

很多伟大的人都经历过许多苦难，被一场大火烧光了所有计算结果的爱迪生，右眼失明的奥斯特洛夫斯基，左腿残疾的华罗庚，生活安排了苦难给他们，他们却从苦难中磨砺出普通人没有的坚韧和毅力，正是这些超人的毅力和坚韧成为他们最后实现理想，拥抱成功的重要条件。

挫折和磨难是青春必不可少的内容，因为它们的存在，才促成了我们的成长，今天让我们沮丧的磨难会是我们明天人生的财富和宝藏，当我们勇敢面对挫折时，人生的财富已经在闪闪发光。

唤醒沉睡的潜能

　　藏在我们心里的一些潜能，就像是沉睡在我们内心里没有爆发的火山一样，或许到了一个合适的机会，就会爆发出来，有时，挫折就是这样一个契机。

　　有一个名叫杰克的士兵，他在军营中表现很优秀，在平时的训练中各项成绩都名列前茅，很多教官和战友都对他赞不绝口，但是唯独射击这一项，无论他怎么刻苦努力都没有办法及格。大家都帮他想过很多办法，他也试过很多不同的方法，可是成绩却不见提高，教官们对此事也十分无奈。

　　在一次野外生存训练中，他与大部队走散了。他身上没有任何通信工具，所以只能孤身一人在丛林里摸索前进，一方面，还得找出办法让他的战友们找得到他。杰克带着一支步枪，步枪里的子弹不多了，所以他不敢轻易发出子弹当信号，因为若是战友们没听见，他既浪费了子弹，又减少了遇到意外情况的胜算。这座丛林中时常有猛兽出没，他只能警惕地行走，然后想办法与大部队会合。

这天夜里，他走着走着忽然听到周围的草丛有响动，几只狼忽然扑了上来。他被一群狼围住了，他的武器只有一支步枪，而这支枪里的子弹只有五发，这些狼总共有四只。四只狼朝他扑过来，他并不是这四只狼的对手。他找到机会拔出枪，因为他的紧张，第一枪打出去却偏了。

这时他步枪里的子弹只剩下四发，这就意味着他接下来的每一枪都必须打中一只狼才有活下去的希望。当时杰克处在对抗的劣势，四只狼的攻势极猛，危难关头，杰克超常发挥，他的枪瞄准每一只狼扣动扳机。在这种逆境中，他做到了平时做不到的事情，弹无虚发。四只狼被击中之后倒下，他这才松了一口气，在生死关头，他射击的潜能一下子爆发，保住了性命。

他开枪的声音，也让在附近寻找他的战友们找到了他的踪迹。和战友汇合后他对抗野狼的事情被传开，都说是一个奇迹。

逆境中的人，往往是处在生活的劣势中，要把逆境进行逆转，只有付出努力，到了一个特定的时候，潜能就会在那一刻爆发出来。

在很多安逸的环境中，潜力不能被发掘，那是因为我们的身体和头脑习惯了舒适，我们不会主动去发掘自己的潜力领地，所以潜能就一直深埋在我们的身体里，然而磨难便是逼迫着我们的身体来适应这个劣势，我们的身体和头脑便会做出最努力的反馈，这个时候，我们的小宇宙就爆发了。

其实，我们年轻的身体里潜藏着无限的能力，只是我们自己还没发现，说不定下一次挫折中，我们就能够发现自己某种特殊的潜能。我们的身体就像一个谜团一样，有时候磨难能够让我们更了解我们自己，看到我们自己到底能做什么，到底有多勇敢，到底有多强大。

两个球队之间正进行着一场如火如荼的足球赛。

在A队中有一位球员安德鲁，他曾是一位炙手可热的足球明星。他带着他的球队踢出了很多场精彩的比赛，他是球队的灵魂人物，然而随着各种光环的围绕，安德鲁选择更多地去享受这些光环带给他的奢靡生活。安德鲁去训练场上参加训练的次数越来越少，就算在球场上练习，也常常是心不在焉。久而久之，安德鲁的球技大不如前，连续两年的比赛他都没有进过球了，慢慢地，整个球队的战斗力也大不如前。这场比赛他们面临的对手尤为出色，俱乐部的经理已经说了，这场球赛若是输了，球队只能解散。

比赛中，A队明显处于劣势，对手的优势越发突出。比赛开始没多久，对手就已经进球了。A队所有人感到了巨大的压力，安德鲁自己也备感压力，这是这两年来他第一次迫切地想进球。他把队友们聚集在一起，教练给他们讲解战术，他鼓励大家要迎难而上。大家的士气被调动起来，踢得比上半场好了，并且越来越好，已经让对方感觉到压力。下半场比赛刚刚开始，安德鲁就在队友巧妙的配合下踢进一球，扳回了比分。

接下来的比赛双方僵持不下，在后面的加时赛中双方都没有进球。比赛进入了最为紧张、最为关键的点球大战，依旧是对方球队率先射进一球，轮到A队，接连三个球都被对方门将挡在球门之外。终于，A队第四个点球送进了对方的大门，而对方五次机会都已用完，在A队门将的超常发挥之下，也仅仅丢失一球。双方的比分又平了。最后一球，是安德鲁来踢。这是决定输赢的关键一球，只见安德鲁凝神静气，以一个十分刁钻的角度将球送进球门，球进了！他们取得了最后的胜利。

正是在那种压力倍增的劣势中，安德鲁爆发了沉睡已久的潜力，挽救了整个球队。我们的潜能就像是一只不起眼的小兽，蛰伏在我们身体最深处，也许有时候它已经被唤醒，可是随着我们对它的不在意，它又会重新休眠，再次唤醒沉睡的潜力，需要逆境和磨难的激励。

顺境中，我们会慢慢变得安逸，满足于现状，别说潜能，也许连原本那些能力都会退化，就像是机器常常不用就生锈一样。磨难，或许正是为了刺激我们还活着的神经，让我们不在安逸的日子里虚度光阴，变成一个对生活没有知觉的人。

我们有足够的激情和热情来拥抱生活，我们也有勇气来面对所有的挫折。被苦难困扰，也许只是一个证明我们自己的机会，只是一个发掘潜能的过程。当我们与挫折努力对抗，不仅证明我们仍然富有生命力，也许还有一座小火山将在我们身体内喷发，我们的小宇宙即将爆发！

没事，我在这里陪你成长

兔子妈妈带着小兔子来到兔子洞的外面，它对小兔子说："今后你就得一个人生活了，不到万不得已，你不能再回来。洞外的世界你要好好看看，我们生活的这一带，有野狼和老鹰，你一定要自己注意。"小兔子依依不舍地看着妈妈："妈妈，我能不能留在你的身边？"妈妈抹抹眼泪，推着小兔子让它赶紧离开，小兔子便蹦蹦跳跳地朝远方跑去。

第一天晚上，小兔子就回到了洞里。兔子妈妈看见它，很是惊讶，它问小兔子："你怎么回来了？"小兔子哭着说："妈妈，我在外面碰到了野狼，我是拼命奔跑才逃脱的，我想回来和你在一起。"兔子妈妈把小兔子带回洞里，抱着小兔子说："孩子别怕，没事，妈妈在这里呢，但是你明天还得离开，我不能时时刻刻陪着你。"小兔子觉得自己的妈妈太狠心。

第二天，兔子妈妈照样把小兔子推出洞外，小兔子知道自己无法改变妈妈的决定，径直走了。这天晚上，小兔子没有跑回兔子洞，可是兔子妈妈的心仍然悬在那里，无法入睡。

第三天晚上，小兔子居然又回来了，它对妈妈说："昨天我遇到了一只老鹰，我快速奔跑，并且寻找岩石躲避老鹰的追击，虽然我害怕极了，但是我学会了一样本领。"兔子妈妈感到很欣慰，小兔子终于学会了独自面对。

第四天，小兔子不用兔子妈妈推它，就独自走了，这一去，一个星期都没有回来。兔子妈妈虽然有些担心，可是它想，也许小兔子不再害怕了，它已经长大了。

一个月后，小兔子来到了兔子洞，它告诉妈妈，它在外面遇到了一只厉害的兔子，那只兔子教它怎样躲避野狼、老鹰，吃草时警惕周围的动静，它不再害怕了。兔子妈妈抱紧小兔子："孩子，你终于长大了，真没辜负我对你的良苦用心。我只想让你知道，你得独自去面对这些困难，妈妈能做的只有看着你长大，如果妈妈天天把你留在洞里，也许你不会遇到什么磨难，但是你永远无法变得强大，无法成为一只勇敢坚毅的兔子。"

之后，小兔子跑回家的频率越来越低，它学会了独自生活，在挫折中练就了生存的本领，它只有想念兔子妈妈的时候才回兔子洞看望兔妈妈。

小兔子的成长不只是因为它一个人在磨难中长大了，更重要的是因为兔子妈妈没有一味地保护它，让它与挫折隔绝，而是放手让它去面对挫折，去磨砺，去学会怎样生存。兔子妈妈没有一直不管小兔子，它担心着小兔子，当小兔子害怕的时候安慰它、鼓励它，因为兔子妈妈比小兔子知道挫折对于成长有多重要。

受挫是成长的必经之路，只有失败了我们才知道怎样成功，在摔跤之后站起来往前走。比起摔跤时我们喊的那声疼，父母最怕的是我们不知道如何独立面对人生，怕的是我们没有坚强的意志，一下子就被挫折打垮，只有让我们去经历挫折，面对苦难，我们才会有对抗它的能力。

有个男孩和他的妈妈一起走在街上。突然男孩摔倒了，坐在地上哭了起来，他的妈妈没有立刻把他抱起来，而是让他自己站起来。这样一个举动，竟换来了路人的指责，路人说："你为什么对自己的孩子这么不关心呢？摔跤了也不知道扶起来。你看看他哭得真让人心疼。"说着便要去抱起孩子，可是男孩的妈妈制止了路人的行为，笑了笑，说："这才是我关心他的方式，我不希望以后他摔跤，不会自己站起来，只等我去抱他，让他学会面对摔跤，面对失败，然后勇敢地站起来，这才是我给他的关心和爱。"路人一听，便没有下一步的行动，只见孩子哭着哭着，看到没有人去抱他，便自己站起来，这时，他的妈妈才过去帮他拍拍身上的灰尘，牵着他的手，对孩子说："你真勇敢。"

残忍有时候是另一番苦心，父母看上去让孩子去摔跤，去经受挫折的背后却是一番苦心。他们无法阻止我们生活中大大小小的磨难，无法阻止生活给我们的失望、沮丧和挫败感，他们能做的是让我们去天空中飞翔，若是我们的翅膀受伤，他们在家里陪着我们疗伤，只为以后更高的飞翔。

"没事，我在这里陪你成长。"也许这便是父母对我们最温暖的爱，把我们藏在他们的羽翼之下，害怕挫折伤害我们，害怕苦难打击我们，其实这是一种过度的保护，只不过是让我们逃避了暂时的危险，却无法保证永远一帆风顺。

没有一个人的父母愿意看着自己的孩子喊痛，父母这种"狠心"的背后实则是满满的爱，爱一个人不是让他免受伤害，因为要成长就离不开挫折，而父母的这种让我们去苦难中磨砺的爱才是最伟大的。

青春的我们羽翼渐丰，让我们去飞翔吧，去面对天空，去和大风对抗，翅膀受伤也没关系，时间会治好疼痛，大风让我们飞向更高的地方，带着父母期许的目光，心怀着父母无比深沉的爱。

在挫折中成长

生活的滋味里有了挫折的苦涩才算完整，没有办法逃避的磨难，在不同人身上的影响也不一样。有的人在挫折中破茧成蝶，有的人在挫折中一蹶不振。挫折是成长的养分。

一个居民小区的门口，为了防止其他车辆随便进入，在大门的位置砌了一级台阶。小李在回家的时候，没有注意到这个台阶，被绊了一下，他觉得，这个台阶对他以及小区其他居民的生活确实是有益处的，这个多了的台阶，使他记住了在这里摔倒的疼，防止以后走到这里时再被绊倒。

小王回家时，也被这个台阶绊了一下，他没有想为什么要修这样一个台阶，只是不停地咒骂修这个台阶的人，一路骂着回到家。过了两天，小王又路过这里，他已经忘记这里修起了一级台阶的这件事情，又被这个台阶绊倒了。而小李因为记住了这件事情，从那之后再也没有被这个台阶绊摔过。生活也是如此，当我们被一个挫折绊住脚时，想一想这次的"跟头"带给我们的益处，并且牢记，从此不在同一个地方摔倒。

好了伤疤忘了疼，并不是什么好习惯。记住痛，记住痛的来源，并不是为了活在伤口中，而是为了下次不再痛。挫折是所学校，一次挫折就像是一堂课，如果我们每次都把上课的内容忘记，那么我们在这所学校里将终无所获，这样的态度怎么能够在人生的考卷上及格呢？好了伤疤忘了疼，不总结不剖析，这样只会使我们的生活陷入更多的泥潭。

我们摔了一跤，坐在地上一直哭或者埋怨把我们绊倒的石头，这只会让我们觉得更疼。挫折来临的时候我们勇敢面对，当我们摔跤的时候要勇敢地爬起来，想想为什么摔倒，是因为石头还是我们自己并不小心。若是只知道抱怨和哭泣，那么挫折永远只是我们的绊脚石。

失败和磨难是青春绕不开的主题，虽然我们不够成熟，但是我们可以用我们的信心和勇气去战胜这些磨难，积极地面对磨难，在磨难中学会总结。

有两个科学家，为了证明一个科学原理，反复做了很多次实验，但是每次都以失败告终。无论数据怎么精确，最后都无法完成这个原理的证明。

一个科学家觉得这是一个不可能证明的原理，他认为，这么多次的实验都无法证明，那一定是不可能的理论，于是他放弃了。另一位科学家对他说："我想我们的理论是成立的，我们再重新做实验吧。"想要放弃的科学家同意了，但是这一次又是失败。这位科学家抱怨道："老天真是不公平，有的人几次实验就能成功，为什么我们就得这么一直做实验，却总是成功不了。我不做了，我放弃。"

而另外一个科学家却没有放弃，因为在之前的准备中，所有的理论都可以证明这个原理成立，于是他又仔仔细细地将之前的理论再次进行检查，重新寻找现存的关于这个理论的资料，来证实自己这个假设存在的可能性。如果假设的理论没有问题，那么问题就只能是缺乏了最后的也是最关键的实验证明。他推翻了从前的实验，重新准备一切，又继续做实验。科学家不分日夜地做实验，又重复进行了很多次，还是没有成功。

这位科学家十分不甘心，于是他静下心来一步一步地研究这个实验的过程。经过研究，他发现实验中所谓的这个错误，其实是在这个实验的中间过程中产生的一种效应，影响了他们最初理论上的假设，而这个错误本身却存在一定的规律，这个错误影响了整个实验的结果，只是这个实验的中间过程的效应从来没有人发现。最后，他成功地证明了这个中间效应的产生，取得了重大的科学突破。

苦难对于一些人来说，是一场巨大的风雨，风雨打碎了他们脆弱的意志，而对于另外一些人来说，苦难却是获取养分的地方，是成长的催化剂。失败时，我们往往抱怨生活的不公，却忽略了失败的意义。比如失败能带给我们经验与教训，面对失败的勇气。这些珍贵的财富不是经历挫折就能得到的，而是在受挫之后仔细回顾反思，在挫折中提取经验才能具有。

一切美好的事物，比如成功，比如梦想实现，这些事物永远都不可能轻易地得到，一帆风顺的成功之路很少存在，大多数人的成功之路都是坎坷而又曲折，充满磨难。然而磨难让这些美好的事物更值得珍惜，更值得我们追求，挫折的道路上，我们还能得到除了想要的那些美好之外的馈赠，挫折的意义也许就在于此。

我们预知不了挫折何时发生、怎样出现，也许我们每个人都会对挫折带着小小的恐惧，但只要我们能迎难而上，在磨难中找到继续走下去的路，挫折就不会亏待每一位勇敢面对它的人，苦难让人一夜长大。几句痛，并不会帮助我们成长，不去剖析挫折发生的原因，就像习惯了摔跤，却永远不知道下次要看路的人一样，只会有更多的苦痛在等待着他。

正视挫折，总结挫折，只有如此，磨难才不是一场摧毁斗志的暴风雨，才会在雨后出现灿烂缤纷的彩虹，才会变成我们的礼物，才会使我们的痛苦沮丧变成一盏明灯，照亮我们前进的路。

生命的火花——勇气

　　生活中总有很多意想不到的事情发生，面对生活中大大小小的困难，勇气必不可少。世界上各式各样的新发明很大程度上都是因为人们敢于尝试的勇气，才让现在我们认为普通而又平凡的东西得以面世或者来到我们的日常生活中。

　　番茄在中国种植的历史已逾两千多年，然而番茄的原产地并不是中国，番茄的食用还流传着一个关于勇气的故事。

　　番茄是我们生活中最熟悉不过的一种食材，很多人都不知道，在番茄变为我们常常吃的一种蔬果之前，番茄也被称作"情人果"，因为它鲜红的颜色在十六世纪时被一位公爵以爱情的名义献给了自己心爱的伊丽莎白女王，"爱情果"因此得名。

　　而在更早以前，番茄只不过是一种被认为有毒的植物，最早的名字是"狼桃"，一听名字就让人生畏，没有人敢轻易尝试，但因为它娇艳的色泽，番茄一直被当成一种观赏植物，仅供欣赏。

庄园种植的番茄只被当作表达爱意的礼物在爱人之间赠送，代代相传着不可食用的说法。

如果没有一个画家的勇于尝试，我们的菜肴中便少了这酸酸甜甜的食材。这位画家的名字已经无法证实，只知道他生活于十七世纪，这位画家被西红柿的美丽吸引，曾多次以西红柿为原型进行绘画，越看这个可爱的果实，画家想要品尝的念头越强烈。

可是因为害怕有剧毒，每次都放弃了。

某天，画家决定鼓起勇气亲自试吃一次番茄，他吃完一个番茄后，发现这个被传有剧毒的植物果实口味很不一般，酸里有甜，并不像想象中那般难以入口。初尝西红柿的紧张和兴奋马上被也许有剧毒的恐惧代替了，他躺在床上，幻想着第二天也许会死去，心里害怕起来。

第二天，画家没有死。他高兴地跟周围的人宣传番茄可以食用的事情。人们奔走相告，西红柿从人们眼里的美丽变成了人们嘴里的美味。这个消息从画家身边的人传遍整个庄园，从一个个庄园传到西方直至全世界。

因为这位勇敢的画家，番茄从此登上了人们的食谱，在人们手下变出各色可口菜肴。也许可以这么说，正是画家的勇气成就了如今那些有关番茄的佳肴。

这个世界上很多新奇的事物等着我们去发现、去探索，番茄只是其中小小的一个。我们不能否认也许画家的尝试会丢掉性命，但是也不得不承认，没有那次勇敢的尝试，番茄或许还是一株观赏植物。

勇敢就像是平淡生活里的火花，因为勇气的存在，它成就了生命的另一番风景。凭着勇气，去尝试新鲜的事物，或许就会在尝试中发现另外一种快乐。也许我们会失败，也许会遇到很多难题，但是却不能丢掉勇气。很多成功，往往都是从勇敢跨出第一步开始，因为不勇敢地走出自己的怯懦，只能停留原地，离成功就会越来越远。

也许我们没有那么大的能力去完成一件推动人类进步的事情，但是我们的勇气却可以推动我们去做正确的、有价值的事情。

一名学生的论文将要被刊登在一本具有权威的学术杂志上了，学生开心不已。论文涉及了很多学生做实验的数据记录，可是再次看自己的实验报告的时候，学生发现自己的实验报告中的数据出现了错误，可是稿件已经送到了杂志社，即将发表。

学生在犹豫要不要告诉推荐自己论文到杂志社的老师，论文中出现了数据错误，并要求把论文撤回。一个同学告诉他，马上就要发表了，如果他现在要求撤回，所有试验都得重新做，下次发表的时间就不一定了。另一个同学也说，如果告诉他的老师，岂不是让老师为难，论文是老师推荐的，老师却没有发现错误。

学生很苦恼，但是他最终还是拨通了老师的电话，告诉老师论文不能发表，因为论文中的数据在记录的时候出现了错误，他决定重新做实验，重新写报告。

说完这番话，学生在电话这头紧张地等待着老师的反应，他担心自己的话会让老师尴尬和难堪，沉默了一会儿，老师开口说话了："嗯，我知道了，我会给杂志社打电话说明事因。没发现数据的错误是我的疏忽，不过我得表扬你的勇敢，告诉我你的错误和我的疏忽，并决定重新把为期三个月的验再来一次，这些都是你的勇气啊，做学问就是要这样。加油，我们一起努力，一起拿出最好的成果来。"

学生一颗悬着的心终于放下，他更加肯定自己做的这个勇敢的决定，他不怕重新来过，不怕失去即将要收获的成功，不怕别人的不理解，就怕自己是一个没有勇气说实话的人。

因为勇气，他收获了一次信任，一次坦然，一次磨炼自己的机会，也许后面还有一次又一次的成功。

勇气是一道光，许多时候就是一瞬间的事情，就像闪电一样。

画家的勇气，让我们品尝了西红柿的独特味道；学生的勇气，让他得到了信任和面对难题的坦然。勇气不分大小强弱，大胆和勇敢都值得被肯定，因为那都是从我们心里迸发出来的勇往直前的力量。

当面对很多难题时，凭着勇气去试图解决，说不定就能收获成功。

很多事情都不在人为的控制之下，我们无法预料下一秒会发生什么，但因为勇气，我们不但可以期待美好，就算得到的是挫折，勇气也可以让我们坦然面对，期待和坦然便是让我们享受生活的秘诀。

英国有句俗语这样说："失去勇气的人，生命已经死了一半。"为了我们活得多姿多彩，为了我们活得精彩万分，让我们一起握紧勇气，去拥抱生活吧！

面对内心的胆怯

在我们的心里，好像说出"我害怕"，是一件非常不勇敢的事。其实，勇敢不是无所畏惧，当你敢去面对自己内心的恐惧，这也是一种勇气。有所害怕并不丢脸，因为不是每一个人都敢面对自己的胆怯，并不是每个人都敢承认自己的害怕。

在一个小镇上，有个非常勇敢的人。他是小镇上的石匠，敢做一切别人不敢做的事情，曾经在小镇附近树林里出现的猛兽都是他降服的。雨季来临时，洪水把一些人的屋子淹没了，是他勇敢地去洪水中把落水的人救起来。小镇上有一个恶霸，总是欺压小镇的居民，他也毫不畏惧，收拾了恶霸，小镇居民过上了安心的日子。

大家认为石匠什么都不害怕，不怕猛兽不怕恶霸，这才是最勇敢的人。直到有一天，有个小孩发现了这个最勇敢的人的秘密。那是一个普通的清晨，石匠像平时一样出门去采石场采石头，然后回到打磨石头的工厂打磨石头。在前往工厂的路上，一个小男孩叫住了石匠。他告诉石匠，昨晚他不听妈妈的话，天黑了还拿出风筝来玩，结果风筝挂在了树上，他希望石匠爬到树上，帮他把风筝取下来。

石匠一口答应了，他放下手中的石块，便开始爬树。当石匠快要拿到风筝的时候，他突然大叫一声从树上摔了下来。小男孩吓坏了，赶紧从家里把奶奶叫出来。石匠昏迷了一会儿，醒了过来，小男孩的奶奶便让他到家里休息一会儿。

奶奶问起刚刚发生了什么，石匠对老奶奶说："其实……其实是因为刚刚我看到树上有一条毛毛虫，就吓到我了。真是不好意思说，我最害怕的就是毛毛虫。"老奶奶扑哧一笑，小男孩也笑起来，但是他又失望地说："唉，原来我心里的大英雄居然怕毛毛虫啊，你一点都不勇敢。"男孩的奶奶笑着说："不，不，不，他依然很勇敢，至少他不怕被笑话，承认自己害怕这么弱小的昆虫，如果永远只敢说自己不怕什么，却从来不敢说自己害怕什么的人，那才不是真正的勇敢呢。

如果一个人连自己的弱点都不敢承认，这还叫勇敢吗？我的孩子，依奶奶看啊，他真是最勇敢的人。"

害怕并没有什么羞耻的，就算最厉害的人也有他的弱点。就像古希腊神话里的阿喀琉斯，他的母亲把他浸润在斯提克斯河后他变得刀枪不入，战无不胜，可是他母亲提着他的脚后跟的地方却没有被浸润到，脚后跟成了他的弱点，最后阿喀琉斯因为脚后跟中箭而亡。

我们每个人都有弱点，都有所畏惧，会害怕的人才是真实的，所以胆怯不应该被嘲笑。

最软弱的事不是我们恐惧的东西，而是我们因为有畏惧心而不敢去面对自己内心的害怕，不敢承认自己的胆怯。其实很多人，都不敢去承认自己害怕，可是若是连自己的内心都不敢面对，那能算是真正的勇敢吗？

我们以为，勇敢是要和外部世界的进行对抗，其实不是这样的。一个人只有战胜了自己的内心，才是真正的勇敢，然而要战胜内心，首先得有勇气面对自己的弱点和怯懦。

学校在举行一场展览，主题是"我们的勇气"。从展览厅入口进去，每隔一段就有一张图画，每张图画表达着一件每个人都要面对的东西，当你可以直面这些东西的时候，你就是一个勇敢的人。

很多学生和老师纷纷进入长廊，想测试一下自己是不是勇敢的人。第一张图画着一个摔跤的人，表达的是失败，一个敢于面对失败的人算是勇敢的。第二张图画着一堆人在说话，一个人默默站在旁边，这幅图是在说，勇敢包括要面对别人的嘲笑、别人的评论，富有勇气的人必须是能够面对来自外界的声音，批评的、讽刺的，甚至是伤害你的话语……接连一张又一张的图画，向学生和老师展示着人们内心恐惧的根源，展示着人们不应该逃避的恐惧。

到最后一张图，那是在单独的一个小房间里。每次只限一个人进去，当进入那个小房间之后，墙上挂着一幅被布遮起来的画，每个人需要亲自去把布扯下来，才能够看见布后面的最后一张图画。每个人从那个房间出来都是一阵感叹，内心一阵震撼。

原来最后一张画其实不是一张真正意义的图片，而是一面镜子，当每个人揭下布的那一刻，他就会看见镜子里的自己，先是惊讶，然后发现原来这面镜子的寓意是说，勇敢不只是面对外部世界，更是对一个真实的自己的接受，对一个内心会有恐惧和胆怯的自己的接受。这是这场展览最具新意和深意的地方。

有很多人不愿意承认自己害怕，害怕失败，害怕嘲笑，害怕面对自己最真实的感受，所以很多人选择了逃避。

可是，正是因为我们拥有喜怒哀乐，会怀疑自己，会失望、胆怯，这样我们才能称为一个真正的人。就像石匠不怕猛兽和恶霸，居然会害怕毛毛虫，可是因为这样石匠更可爱，因为这样石匠更真实。

我们恐惧，我们害怕，我们胆怯，但是我们勇敢地面对着我们的这些小怯懦，这是我们去克服它的第一步。我们说"我害怕"并不代表我们不勇敢，这只代表我们敢于面对我们自己的内心，我们接受这样一个并不完美的自己，我们的不逃避是我们的一种勇敢。

超越心中的恐惧

　　我们都会害怕，承认害怕并没有什么羞愧的。可是，我们不战胜自己心中的恐惧，就无法成长，就像鸟儿不克服对高空的恐惧，就无法看到更广袤的天空，无法享受飞翔的自由。

　　从小，米露是一个内向的孩子，她害怕在很多人面前说话。当人一多的时候，她说话都会发抖，其实最重要的原因是她口吃，所以她不愿意说话，也害怕说话。

　　每次上语文课，老师都要求一个同学站到讲台前，为大家讲一个故事，就是为了让每个人面对所有同学，学会冷静，培养大家的心理素质。看着同学们在讲台上自信地讲着自己准备的小故事，米露很是羡慕。

　　下次的课轮到米露给大家讲故事了，她很害怕，害怕面对下面一双双眼睛，害怕那种教室里只有她自己声音的空旷感。

因为她知道自己会结巴，故事会说得很慢，所以她故意挑了一个比较短的故事。可是她发现，无论她怎么练，她仍然磕磕巴巴，她想象自己站在讲台上笨拙地讲着故事，就变得更加胆怯了。

她练习到很晚，因为想到第二天的演讲，她睡意顿时全无，心里全是对这件事的担心和恐惧，她想起有一次对邻居小朋友说："我……我可以……可以跟……跟你们一起……一起玩吗？"那个小朋友毫不掩饰地捂着嘴笑起来，然后就说："我不要跟你玩，你说话好慢，还老是重复，你真好笑。"小朋友笑着跑开了，这让米露从此害怕说话，更别说当着大家的面说话。

第二天语文课前，米露紧张地坐在椅子上，等待着老师的到来。米露在心里安慰自己别怕，这不是什么大事，可是每次当她这么告诉自己，那种被取笑的经历又再次出现在脑海里。老师走进教室的那一刻，她心里只出现一个声音，那就是"米露，别怕，这是一个坎，跨过去就好了，故事讲完了，就战胜自己了。"老师站在讲台上说："今天该轮到米露讲故事了，米露，你上来吧。"米露低着头走上去，全班没有一点声音，她似乎只能听见自己的心跳声。

当她转过身面对着教室里的所有同学时，她感觉自己的喉咙有股灼热感使她发不出声音，身体不自觉地微微发抖，这种紧张的感觉让她实在不舒服，有那么一秒钟，她想要逃回自己的座位去。

她心里想着：平静，平静。她告诉自己："加油，没事，最可怕的事情就在面前，只要开口，以后再难的事情也没有这个难了。"米露开口了："今天我……我给大家讲……讲一个……一个关于梦……梦想的故事……"她一开口，大家安静地听着，她讲得很慢，并且不时地重复着前面的字词，可是没有一个人笑话她，等她故事讲完，教室里响起一阵掌声。

米露走下讲台，坐在椅子上的她心跳还没有正常，还在以一个高频率跳动着，可是她却发现当她开口讲出第一句话后，就忘记了紧张，甚至忘记了害怕，她只一心在想怎么把故事讲出来。

老师给米露投来赞许的目光，并对大家说："我想，今天最勇敢的人是米露，我们大家再给她一次掌声。"在掌声里，米露感觉自己好像和之前的那个米露不一样了，演讲的那几分钟，对她来说好像很快，她还没反应过来，就结束了，好像在她开口后，时间马上就过完了。

米露觉得，她的勇气似乎就是在那一秒钟生出来的，以强大的气势打败了她的胆怯，在她决定勇敢面对的时候，其实恐惧已经败下阵来了。

当我们面对着我们所畏惧的事物时，我们会犹豫不决，可是当下定决心做的时候，这件令我们害怕的事情就已经不可怕了，当你完成时，你才会发现，其实这并不像想象中的那么难。

我们总会夸大很多情感，孤独是一种，恐惧也是。

当我们没去做的时候，那些我们害怕的事物被我们的恐惧夸大得更可怕，就像我们害怕一只怪兽，我们不敢面对它，只凭猜想这怪兽到底有多恐怖，无形中我们就把一只怪兽变成一只两倍大的怪兽，但若是我们去看看这怪兽，就会发现其实怪兽比我们想象得要小很多，就像我们所害怕的事情一样，实际去面对，永远比我们想象的要更简单。

恐惧就像一张纸那么薄，就像一条线那么细，但是撕碎它、跨越它并轻松，要克服很多心理障碍，我们才能最终越过去。超越自己很难，但并不代表做不到，人类之所以进步，就是因为我们一次又一次地打破我们自己的局限，超越了原来的自己。要超越我们心中的恐惧，首先我们得面对自己的恐惧，承认自己的害怕，接着就是去说服自己学着不害怕，劝说自己去尝试。

可能，我们并不会一次就成功，也并不是站在恐惧面前与之斗争我们就会胜利，或许需要经过很多次我们才能拿出勇气来。害怕的情绪并不可耻，世界上最令人害怕的事情不是我们承认害怕，而是我们从未想过学着勇敢。

我们最大的敌人是自己，因为我们有着那么多的恐惧，也许是害怕表达自己的想法，也许是害怕一个人走夜路，也许是害怕面对现实和幻想的差距，也许是害怕自己不够让人喜欢……

我们都有着自己的恐惧，可是，我们的身上也有着无与伦比的勇气，只是我们还没发现它，这些勇气足够战胜我们自己的害怕，告诉自己："没什么大不了的事，只要去尝试，可怕其实并没有那么可怕！"

真正的勇敢

很多时候，我们都觉得真正的勇敢是奋不顾身地往前冲，勇于去做一切事情。好像这个世界上没有什么事情能让我们害怕，好像这样才算是勇敢。可是，真正的勇敢是这样的吗？

从前，在一个王国里有一位公主，她不仅长得美丽，而且为人善良大方，全国人民都很喜欢她。这一年，公主到了该结婚的年龄，可是她仍然没有意中人。国王问公主："你想要嫁给怎么样的一个人呢？"公主对国王说："我既不要求我未来的夫君长得如何英俊，也不需要他腰缠万贯，只希望他是一个勇敢的人，一个真正有勇气的骑士。"

国王决定在王国内公开招亲，他要找最勇敢的人，让这个最勇敢的人成为他的乘龙快婿。听到招亲的消息，王国里的单身青年激动起来，因为公主的美貌和品行都是大家梦寐以求的。大家看到招亲榜文上写的要求便是"全国最勇敢人",许多认为自己很勇敢的青年便参加了招亲,有的人说自己敢独自去树林里杀死一头野猪,有的人说他敢从海边最高的悬崖跃入海中,有的人说自己敢吃全国最辣的辣椒,有的人说他敢捕捉海里最长的海蛇……最后,国王选出了他认为的三个最勇敢的人,让他们来到了城堡。在城堡的大殿里,公主出现了。

公主说她要亲自选一个她认为最勇敢的男人,她要进行一个测试,三个青年紧张又期待。

公主对一个青年说:"你敢不敢把这脏水洒到那边站着的侍卫身上?"青年说:"公主陛下,这太容易了。"青年端着脏水走过去,一下子泼到侍卫的盔甲上,脏水顺着盔甲流下来,青年头也不回地来到公主面前,非常得意地微笑着。公主又对第二个青年说:"你敢不敢喝下这杯三分钟之后生效的毒酒,具体发毒结果我们还不知道,你敢试吗?"第二个青年把毒酒端过来一饮而尽,脸上露出紧张的神情,虽然他强装笑脸,可是看起来那么僵硬。第三个青年很紧张,他不知道公主会给他出什么难题,公主微笑地走到他面前,说道:"你敢不敢从这城堡的窗户跳下去?"青年礼貌地对公主说:"我并不想从这城堡跳下去,我想这会要了我的命,也许我这么做你会觉得我不勇敢,但是我仍然要拒绝你的要求。另外,包括前面两个要求,换作是我,我也不会做,因为您的命令太无理了。对不起,公主殿下。"

大殿里一下子安静下来,大家想着最后这位青年一定是不会被公主看中的,可是突然公主笑起来,对着最后一位青年说:

"我想我要找的勇敢的骑士就是你。你不仅勇敢地拒绝我，而且你是理性的，不盲目地向我证明你的勇敢。其实刚刚那位被泼脏水的侍卫是个蜡像，那杯毒酒不过是杯普通的果汁。"

前两个青年毫不犹豫地去执行公主无理的要求，只为了证明自己的勇敢，而最后一个青年认为公主的要求是过分的，他选择了拒绝，这才是真正的勇敢，没有理性的勇敢只不过是莽撞罢了。

真正的勇敢是有前提的，要跨过自己心里的恐惧并不容易，发自内心的勇气也很难得，但是以理性作为勇敢的风向标才是正确的。

两个人一起去旅行，走在一个丛林里，旅人A发现一棵树上结着一颗颗颜色鲜艳的果实，看上去十分诱人，旅人A对旅人B说："你敢尝一尝这个果实吗？"旅人B说："我不敢，因为以我的经验来说，这果实好像有毒。"旅人A发出一阵笑声，他取笑旅人B太过胆小，而自己决定亲自试一试，当他摘下果实的时候，旅人B从他手里把果实抢下，然后把果实的汁水滴进一条小溪里，小溪里的几条鱼一下子就死了。

他们又来到一座悬崖旁，这悬崖和另一个悬崖离得很近，旅人A说他要从悬崖这边跳到另外一边的悬崖上，那样就可以节省很多绕路的时间。旅人B对他说道："你别过去，那悬崖说不定会断裂，因为看着很不结实。"旅人A很不屑地回答："你这样太胆小了，你不去我自己去。"旅人B在后面跟着他，劝他千万别去，可是旅人A一意孤行，径自走上悬崖，可是还没到悬崖边缘，悬崖一下子断裂了，幸好旅人B一把抓住了他，他才幸免于难。

旅人A向旅人B诚恳地道歉，道歉自己不该嘲笑他的谨慎，他为自己的狂妄和莽撞感到羞愧。旅人B说："我们都要做勇敢的人，这并没有错，可是勇气和谨慎并不是对立的啊，我们要勇敢地往前走，却要分清方向，我们要尝试一个新事物，还要估量这个新事物值不值得尝试。"

勇敢，固然值得称赞，但是没有理性的勇敢是没有任何意义的。莽夫的勇敢有时候是一种愚蠢，不顾一切地勇敢有时候会使我们离正确的道路越来越远。

青春的热情和勇敢那么动人、那么美好，若是选择正确的方向，我们的青春则更能体现它的价值。

一颗勇敢的心是生命的火花，一颗勇敢的心是人生的财富，一颗勇敢的心是青春的能量，它让我们激情勃发，让我们的生活因为具有勇敢而变得丰富多彩。真正的勇敢不只是大无畏，它更需要理性。

鲁莽冲动只是勇敢的假象，勇敢的本质不是不畏一切、没有恐惧，真正的勇敢是一种明辨是非的智慧，一种清醒理智下的选择。一颗用理性包裹的勇敢之心，才能带我们走得更远、走得更好，一颗用理性包裹的勇敢之心，才能使我们真正强大起来。

学会勇敢

　　我们要学习知识，要学习怎样爱自己、爱他人，我们更要学习变得勇敢。勇气不是与生俱来的，总要经过一次又一次的自我超越、自我鼓励，这样我们才会从胆怯里走出来，变得勇敢。在我们的生活中总会遇到很多困难，可是拥有勇敢，它们就不是无法越过的障碍。

　　小袋鼠在袋鼠妈妈的育儿袋里已经待了七个多月了，它准备出去看看外面新奇的世界。它把脑袋伸出育儿袋，看着育儿袋外的一切。袋鼠妈妈对小袋鼠说："今后这就是你自己要独自生活的地方。"小袋鼠看着这个陌生的世界，很是害怕，它想起以前妈妈告诉过它，外面的世界很危险，有袋狼、巨蜥等一些动物，都是它们的天敌。

　　袋鼠妈妈看出了小袋鼠的恐惧，说："别害怕，你应该出来看看。外面空气那么好，你应该亲自试一试双脚实实在在地在土地上弹跳的感觉，真是太棒了。""我不要，我害怕周围有袋狼，它们会把我撕得粉碎。"说着，小袋鼠便钻回育儿袋睡觉了。

　　有一天，袋鼠妈妈对小袋鼠说："那里有一个灌木丛，要不你出来玩一玩，去亲自吃一次可口的食物？"小袋鼠连连摇头："不，我害怕。"袋鼠妈妈笑着告诉它："没事，我就在你的旁边，若是有什么危险，你可以马上回到袋子里。"小袋鼠犹豫了一下，便从袋子里出来。它第一次自己吃到了鲜嫩的青草，可是有一点风吹草动，它便快速跳回妈妈的育儿袋中。之后，小袋鼠都是这样，只要出育儿袋，就需要妈妈陪在身边，因为它不敢一个人面对未知的世界。

　　当小袋鼠长得越来越大，直到育儿袋再也无法容纳它的时候，小袋鼠可还是不愿意出来，它问袋鼠妈妈："我能不能不出来，妈妈，外面的世界太可怕了，我一个人会害怕。我害怕下雨的时候打雷，我害怕遇到袋狼和巨蜥，我害怕晚上一个人睡觉。"袋鼠妈妈低下头对小袋鼠说："我亲爱的孩子，你必须学会勇敢，我不能一辈子陪在你身边，我的育儿袋还要给你的弟弟妹妹们。一个人没有什么可怕，以后会有更多的黑夜，有更多的雨天，这些你都得自己去面对，我已经教过你对付袋狼和巨蜥的方法。

　　你只要勇敢这么一次，你就会发现这些事情没有那么可怕了。只有你自己学会勇敢，充满勇气，才能生存下去，我保护不了你一辈子，亲爱的孩子，快出来吧。你看看妈妈不是也充满勇气吗，我也是从你外婆的袋子里跳出来的，只要你勇敢地出来，你就战胜了这辈子最大的困难，快，出来吧。"

小袋鼠探出脑袋，看看周围的世界，它慢慢地从育儿袋里出来。它知道这次是彻底地告别了这个保护袋，以后的事情都得自己去面对，它为自己暗暗打气，它跳跃出的这一步就是它小小勇气的爆发。小袋鼠告别了妈妈，决定独自去周围看一看。妈妈欣慰地笑了，因为有了勇敢，小袋鼠长大了，勇气会成为它给它的孩子最好的礼物。

和小袋鼠一样，我们终有一天得去一个人面对未来，得勇敢地奔向我们未知的未来。当我们学会勇敢面对现实的时候，我们也就真的长大了，不再是那个在父母保护伞下的小不点了。父母可以给我们鼓励，给我们安慰，给我们保护，却不能给予我们成长，一切成长都靠我们自己，当我们长大的一刻，便是爸爸妈妈最欣慰的时候。

任何挫折和困难都不可怕，可怕的是我们的胆怯。勇敢就像是火光一样，可以点燃起生活的灿烂。当一个人勇敢起来，就没有什么可以阻拦他，不论是困难还是失败，青春时期的勇敢最动人，因为在这激情洋溢的岁月里，勇敢让青春有了别样的精彩。我们勇敢地去追求梦想，勇敢地去面对失败和挫折，勇敢地去面对这样那样的不如意。心里装着勇敢，就没有什么可以让生活陷入困难的泥潭无法自拔。

勇敢是我们最大的能量，我们承认自己的胆怯，却不能被胆怯所困，不能被恐惧拖住我们成长的脚步。有时候勇敢和胆怯之间就是一线之隔，勇敢地跨出一步，我们就收获了成功。为了爱我们的人和我们爱的人，勇敢起来，成长起来吧。

灵魂的甘霖——自信

歌唱团里马上要举行一场选拔赛，选出一名最优秀的歌手代表整个歌唱团去参加一场重要的演出。歌唱团里炸开了锅，大家叽叽喳喳地讨论着谁会是这个幸运的人，被选中的人能够站在一个大舞台上把自己最美的歌声奉献出来，给听者们一次听觉的盛宴。

歌唱团里有一个名叫叶子的女孩，她的歌声被公认是最动听的，曾经有人评价叶子的歌声如同一湾清泉，听着她的歌声便会觉得整个世界都清静下来。歌唱团的老师和同学们都认为她是不二人选。

果然不出所料，叶子被选定为参加演出的代表歌手，之后，她每天坚持练歌，面对着老师和同学这些熟悉的面孔进行排练，叶子丝毫不紧张，每次排练结束，她那悦耳而饱富感情的歌声总能得到老师和同学的热烈鼓掌，得到大家的肯定。叶子越来越期待即将来临的演出，她不止一次地幻想着站在镁光灯下的自己和台下观众赞许的目光与掌声。

有一天在排练的时候，老师高兴地走进排练厅，手里拿着一张纸，同学们都很好奇问老师要来宣布什么。大家安静下来，老师开始说话了："今天给大家宣布几个好消息，主办方把演出的场地扩大了，从之前的一万人变成现在的两万人了，大家都可以一同去观看演出，其次就是著名的歌唱家王雅芝和谢雨都会参加哦，大家可有耳福了！"排练室顿时炸开了锅，大家高兴坏了，唯独叶子一个人高兴不起来，心里沉重了几分。

原来叶子想到，人数增加了，听自己唱歌的人就更多了，想到场下黑压压一片，叶子心里就莫名地紧张起来。其实让叶子心里无法轻松的原因还有一个，那便是著名歌唱家也参加了这次演出，她想到自己一个练习唱歌几年的无名小卒要和自己一直崇拜的歌唱家同台演出，心里就发虚，她想着自己的歌声和他们相比起来简直不是一个层次，并且自己一旦唱得不好，下面两万观众就会取笑她，叶子对演出的期待逐渐变成了一种紧张和担忧。

叶子的紧张和担忧慢慢影响了叶子在排练中的表现，她声音有时发颤，有时忘记了歌词，有时和配乐不在一个节奏上。老师看到了叶子的异常，在排练后便留下叶子，对叶子说："当你站在台上的时候，你不要想着别人唱得如何，不用在意下面盯着你的观众，只要心里默想此时的你是这个台上最优秀的歌唱者，把准备的歌唱出平时排练的水平，那就是最好的表演了。"叶子听了老师的话，仔细想了想，心里平静许多。

　　演出的日子终于来了，怀着紧张忧虑和期待的心情，叶子在后台准备着。临近上台的一分钟，叶子对老师说："老师，我好紧张，我害怕待会上台的时候忘词，"老师便拿过一支笔，在叶子的手心写了一些字，因为造型师在一边给叶子补妆，所以叶子看不到老师写的是什么。马上上台了，老师对叶子说："手心里是歌词，别紧张，好好唱。"叶子匆匆上台，但她心里踏实很多，站在台上的叶子顺利表演完，台下掌声雷动。

　　叶子高兴地走下后台，想要对老师说声感谢。老师却让叶子摊开手心看一看，叶子发现老师写的根本不是什么歌词，只写着"相信自己"，老师对她说："你看，没有歌词你不是也唱出了你最好的水平，帮助你顺利完成的不是手心的歌词，而是你自己那份觉得自己可以的信心，你唱歌时握紧的不是歌词，而是你自己的信心。"

　　叶子一直把演出那天老师对她说的话牢牢记在心里，这些话伴随着叶子一起成长，一起去面对人生更多的挑战，每次生活给叶子出一个难题时，叶子首先想到的便是：我相信自己能做好。

　　自信就像是心灵的镜子，当你觉得自己是什么样子，在这面镜子上便映射出怎样的你。你觉得自己是这个做不好，那件事情无法完成，在你心灵的镜子里你便是一个没有自信的人，如果你充分相信自己的能力，相信自己可以做好想要做的事，那么你离成功便近了一步。

　　认为自己是什么样，你就会真正成为什么样。如果你认为自己是一颗宝石，那么有一天你就能闪闪发亮；如果你认为你自己只是一颗普通的石头，那你永远就都只能做一颗没有光泽的陋石。因为自信是一个人身上最璀璨耀眼的光芒，它带给你一种无可比拟的人格魅力，一个饱含信心的人比起一个自卑的人能够得到更多的机会，就像一个抬着头迎向太阳的你总会比一个低头无语的你看到更多灿烂的阳光，如果你对自己都缺少信心，别人又怎会愿意相信你呢？

一颗没有自信的心就会变得暗淡。如果心灵是一座花园的话，那么自己的信心便是甘霖，它滋润着土壤，才能长出可爱的花朵，没有自信的心灵便会像没有甘霖滋润的园地，只会一片荒芜。希望的绿芽只有信心的甘霖才能浇灌培育出来。希望对于充满坎坷的生活之路实在是必不可缺，若没有面对挫折坎坷的自信，希望从何而来呢？

弗烈德利克·罗伯森曾说过："相信就是强大。怀疑只会抑制能力，而信仰却是力量。"自我怀疑耗费着青春的能量，一个人自信地面对困难时，他更有力量去解决问题，然而一个怀疑自我的人在问题来临时，自我怀疑就在这时分散了他们走出困境的动力，因为当你站在原地质疑自己的能力的时候，也许你已走得更远。

生活的路很长且充满各种各样的难题，自信便是最好的首选答案。

我不是最好的，但我却是唯一的

在这个世界上，每个人都是被上帝咬过的苹果，每个人都是不完美的，十全十美更像是人们对完美的一种追求和期待，完美是不存在的。

有的时候我们总在和别人比较，也许我长得没有那个女孩好看；我的足球踢得没有这个男生棒；我的数学成绩和同桌比起来真是太差劲……我们希望自己样样完美，可是却没想过，我们并不能在每一个领域每一个方面都做第一，得到永远的100分。

我记得曾经有这样一个同学，他对我说的那句"我不是最好的，但我是唯一的"，一直深深印刻在我的脑海里。他看上去是一个极其普通的男孩，笑容灿烂无比，每次上体育课的时候，他总是大家羡慕的对象，因为只有他能被特许坐在操场边上的树荫下，当我们在炎炎烈日下跑步满嘴抱怨时，我们从没想过看似

"辛苦"的我们也被他这样羡慕着。

他有天生的残疾，是因为骨髓灰质炎而造成的残疾，在班上同学不知道这是一种疾病的时候，同学们都因为他奇怪的走路姿势嘲笑他、躲着他。他的疾病导致他无法正常走路，更别说跑步。我们追逐嬉戏的时候，他在旁边看着大家乐。他心里幻想着和我们大家一起拉手奔跑的情景，可是他这样的幻想并不可能成真，他的残疾是不可治愈的，这种残缺将伴随着他整个人生。尽管如此，他却总是带着一张笑意满满而友好的脸，面对着爱他的人、嘲笑他的人和惧怕他的人，甚至是伤害他的人。

一次偶然的换座位，我和他成了同桌，我才发现他是用左手写字，因为他的右手无法握住笔，所以他努力学习用左手练习写字。他的身体缺陷导致他写字很慢，每一个字都要用很多力气，就算他很使劲、很努力，他的字也写得非常不工整，有时候坐在他身边的我都忍不住想帮帮他。尽管他写不好字，但是他却酷爱阅读，课桌的抽屉里总有他借来的书。

他不能像正常人一样尽情地奔跑，不能轻松地写字，还得承受别人异样的目光。我觉得他有一千条不快乐的理由，因为我拿他和我们相比，用我们的健康，用我们的"正常"，用我们所认为他应该不快乐的原因去衡量他。

到了学期末，大家都要把放在教室里的书带回家，我自告奋勇地提出帮他收拾课桌里的书本，收拾的过程中，一张纸从书里掉了出来。我把纸翻过来，上面只是写着一些计算公式，而右下角的几个字吸引了我的注意："我不是最好的，但我是唯一的。"字迹笨拙，很容易就能认出那几个字的主人。他看到我手里那张纸，不好意思地抓头笑笑，我便问他："你写这句话干什么呢？""我只是写了鼓励鼓励自己吧，其实这句话是我妈妈告诉我的。以前我老因为自己的这个病生气沮丧，我多么羡慕你们啊，可是我妈妈对我说，虽然在很多方面和别人比起来，我并不是最好的，甚至还不如你们，可是无论如何，这个世界上只有一个我。也许我没有一个健康的身体，但我拥有一颗健康的心，我不能奔跑，但我可以多多看书，去了解这个我不能一一走过、看过的世界。每个人都是这个世界的唯一，不管是不是最好的，完美的，都只有这样一个我。这个世界上只有一个我，唯一的一个我，这件事情就足够成为我热爱生活的理由，因为我相信我的不完美并不会阻止我成为我想成为的那样的人。"

那天之后，我才真正明白，他的高兴乐观并不是假装，重要的是他有一份自信，面对着自己的缺陷，他并不是一味地埋怨失望，而是相信着并不完美的自己依然能完成很多事，能快乐地生活。

很多时候，我们都希望别人爱我们，父母的爱、朋友的爱对于我们来说都弥足珍贵，但是有时候我们却忘了要爱自己。我们总在拿着自己的不完美去和别人的优秀比较，发现自己好像一无是处。然而我们却忽略了自己是这个世界的唯一，忘记了自己身上那些值得骄傲且很优秀的地方。

从前有只兔子，它看到大雁在天空中自由地翱翔，便问它的妈妈："为什么大雁可以和天空亲密接触？"兔子妈妈告诉它："因为上天给了大雁一双翅膀能让它去看看世界的面貌。"兔子又看到水里有只鱼在小河里嬉戏，它又问它的妈妈："为什么鱼可以天天和水做游戏？"兔子妈妈又告诉它："那是因为上天给了鱼可以水下呼吸的腮，好让鱼去体会水里的神秘。"兔子很沮丧，它觉得上天没有给它翅膀也没有给它腮，它不能上天下水，却还多了一对它自觉难看的长耳朵，它开口问它的妈妈："为什么我不能有翅膀和鱼鳃，却只有一对这样的耳朵？"兔子妈妈笑着对它说："那是上天给你的礼物，好让你多听这个世界悦耳动听的天籁之声。"

如果我们是大雁，我们就为那对翅膀而骄傲，如果我们是鱼，我们就为那对鱼鳃而自豪，如果我们既不是大雁也不是鱼，只是一只兔子，那就该为那对灵敏的耳朵而快乐。

每种动物都有它的特点，更别说人类。每个人都有自己的性格，世界上没有两片相同的树叶，也没有两个相同的人，就连双胞胎也会存在着差异。但正是因为差异的存在，每个生命都有存在的意义，每个人都有值得自信的理由，因为茫茫宇宙中，只有这样一个你，那样一个我。

每个人的唯一性就是每个人值得自信的地方。每个人都是被上帝咬过的苹果，缺口也许大，也许小，却没有一个人完整无缺。我们都是不完美的苹果。爱自己的不完美，爱自己的那些不优秀的地方，因为"我不是最好的，但我是唯一的"。

做最好的自己

一说到"最好"，我们想起的总是和别人比较，好像和自己之外的人做比较，胜出了才有价值一般，其实不然。在生活中，我们最大的比赛不是和别人，而是与自己的竞赛，每一次进步都代表我们在成长和变得优秀的路上前进了一步，都证明当时的我们已经付出努力去做最好的自己。

著名的科学家阿尔伯特·爱因斯坦有一个小故事至今广为流传，那是爱因斯坦关于三只小板凳的故事。爱因斯坦还在读小学的时候，劳作课老师给了每个学生一个任务，那就是每人做一样属于自己的小物品，做什么都行。同学们个个兴致极高，认真地做起属于自己的小玩意儿来。接近下课的时候，同学们都交上了自己的劳动成果，有可爱的布偶、栩栩如生的小泥鸭，等等，老师看到同学们如此认真、充满创意，十分开心。但是班上唯独有一个人没有拿出自己的作品来，那就是爱因斯坦。老师并没有生气，他认为或许该给爱因斯坦更多的时间。

第二天上课的时候，爱因斯坦才拿着自己的作品交给劳作课老师，那是一只小板凳，这只小板凳看上去做得非常不用心，有点不平整，表面也不光滑，还有些小小的木刺。老师接过小凳子一看，脸上露出不满意的神情，他觉得这个作品实在不怎么样，并且爱因斯坦还用了更多的时间来制作，老师便当着全班人的面说："我认为，这个世界上应该不会有另外一只小板凳比我手上这只更糟糕了吧。"爱因斯坦举起手，回答说："老师，我想还有比这只板凳还要糟糕的凳子。"说着，他从课桌底下拿出两只小板凳，他一只手拿着一只凳子，对老师说："老师，这两只凳子是我前两次做的。"他把左手抬起来说道："这是第一次的尝试。"然后又举起右手的那只小凳子说："这是第二次做的。刚刚交给老师的那一只小凳子，是我第三次完成的。最后这一只也不怎么理想，但我想它应该比我手上的这两只小凳子要更好吧。"老师拿过爱因斯坦手里的小凳子一看，的确前两次的尝试糟糕透了，看过这两只凳子，第三只小板凳明显地有了进步。

爱因斯坦的小凳子虽然不令人满意，可是他没有用自己的小板凳去和别人的布娃娃去做比较，他更在意的是他的小板凳有没有做到他能做到的最好，在一次又一次的尝试和改变中，他的小凳子有没有接近他理想的样子。

自信并不是在跟别人对比中得到的，这样得来的自信虚荣无力，很容易被摧毁，真正强大的自信是充分地相信自己的能力，肯定自己的进步，坚信自己会做得更好。

爱因斯坦的自信不是因为他认为他的小板凳和其他同学比较起来是最好的作品，而是他认为那是他经过三次努力，三次改变而呈现出来的最理想的成果，他的自信是对自身进步的重视，他把自己当作竞争的对象，现在的自己要比之前的自己更优秀，做当下最出色的爱因斯坦。

我想，就是因为这样的自信，才成就了爱因斯坦这样一位伟大的思想家和科学家的。自信是他成功的重要条件，如果没有这样的自信，相对论和光电效应这些推动人类进步的发现不知何时能被探索出来。

理查德·米尔豪斯·尼克松是美国第37任总统，他是登上《时代周刊》封面次数最多的人，1972年的访华也使他成为中国人最熟悉的美国总统之一。然而尼克松的政治生涯却以1974年的"水门事件"结束。

"水门事件"的发生导致了尼克松的辞职，与其说是"水门事件"断送了尼克松的政治前程，不如说是尼克松的不自信导致了他的失败。

1972年，尼克松是竞选连任的热门人选，因为在他的第一任期里，尼克松的表现十分优异，政绩卓越，大大增加了在连任竞争中胜出的可能性。当时的很多政治评论家都看好尼克松的连任。

回顾自己在任期内的表现，尼克松应该对自己充满信心，但是就是这样一个杰出的美国总统却因为不自信而做出了不可挽回的窃听事件。

其实早在1960年之时，尼克松与约翰·肯尼迪都参与了当时的总统竞选，肯尼迪以微弱的优势让尼克松尝到了失败的滋味，两年后在加利福尼亚州州长的竞选中，尼克松也未能胜出，失意的尼克松便在洛杉矶开始了律师生涯。直到1968年，尼克松才如愿以偿地当上了美国第37任总统。

这两次失败的经历在尼克松的心里挥之不去，他非常在乎与别人的竞争和比较，然而却未曾留心自己从失败到如今的成功已经是一次巨大的自我超越。这种面对失败的胆怯和自卑，使尼克松犯下了一生都后悔的错误，他派手下查尔斯·科尔森去窃听当时的民主委员会全委会总部负责人，以获得情报，然而窃听计划暴露了，尼克松却还不配合调查，不承认自己的过错。最后，尼克松被迫辞职。

自信是一种关注自我、肯定自我的信心，太容易被外界左右的自信并不是真正的自信，就像对手的成功和尼克松的失败成了他内心无法抹去的阴影，掩盖了他从失败到成功的改变和进步，让他忘记自己已经是当下最好的尼克松。

做最好的自己并不是难事，但也不轻松。做最好的自己，你需要对自己充满信心，相信自己的改变和进步；做最好的自己，你需要和自己比赛，争取在时间的道路上留下一串串前进的步伐；做最好的自己，你需要战胜自己内心的自卑和妄自菲薄，相信自己的付出，终会让你成为一个理想中的自己。

正确的自信

自信是对自己的一种信任，一种接受自己并爱自己的行为，一种对自我的肯定，自信可以让我们的生活伴随着希望和期待。但是自信并不是一味地夸大自己的能力，对自己没有正确的认识，过分的自信就是自负，历史上因为自以为是而失败的人比比皆是，他们都是因为过分地相信自己的判断、能力，忽视客观事实，从而导致了失败。

三国时期，蜀国诸葛亮在平定南中之后，一直在寻找机会进攻魏国。诸葛亮放出消息说，要去攻打魏国的郿城，并且派人过去驻守，俨然一副要把郿城拿下的样子，魏军收到了这个消息，立刻派最得力的将领到郿城去。然而，出乎魏军的意料，诸葛亮带着兵马向西来到了祁山。

诸葛亮声东击西的战术获得成功，魏军在祁山的兵力无法与蜀军对抗，大获全胜的蜀军乘胜追击，一举拿下了祁山北面的三个郡。

此时，魏文帝曹丕已经因病去世，军队因为蜀军的突袭而惊慌失措，即位不久的魏明帝曹叡

马上派了张郃率领五万兵力去祁山抵抗诸葛亮军队的进攻。

此时，诸葛亮也在考虑应该派谁去守卫街亭这个重要的军事要冲。他想到了一个名叫马谡的人，马谡读过很多兵书，平时也喜欢谈论军事，在和诸葛亮商讨一些军事时，马谡提出的一些好主意让诸葛亮非常佩服。

因此，诸葛亮没有对刘备生前要慎用马谡的叮嘱太过在意，而任命马谡当主将，王平当副将，来到街亭。马谡提出要在山上扎营布置埋伏的计划，遭到了王平的反对。王平告诉马谡，这与最初的安排不符，临走前诸葛亮就再三叮嘱要稳扎营垒，马谡的做法太过冒险。可是马谡根本不听王平的劝告，他认为自己熟读兵书，就算没有带兵作战的经验，依他对兵书的了解和掌握，自己的决定肯定是正确的。王平的劝告无用，他只好带着一些士兵自己去山下驻守扎营。

张郃来到街亭之后，发现马谡居然在山上扎营，张郃心里一阵暗喜，因为他感觉机会来了，便派人围困起那座山。因为魏军在山下的驻守，马谡的兵马无法攻破，且有些士兵还受了伤。魏军还切断了水源，马谡军慌了阵脚。张郃发起了等待已久的进攻，马谡和他的士兵纷纷逃跑。

王平得知马谡的军队失败，立即让士兵装出进攻的样子，

拼命地打鼓，张郃不敢确定是不是蜀军安排了埋伏，不敢轻举妄动。王平抓住时机赶快撤退，得以保存了自己的一千士兵，但是蜀军已然失去了街亭这个重要的据点，街亭的失守完全是因为马谡的狂妄自大。

诸葛亮知道了街亭失守是因为马谡改变作战计划，异想天开地采用了完全不正确的部署。马谡也承认了自己的过错，可是街亭失守已经成为事实，诸葛亮虽然珍惜他和马谡之间的情谊，但马谡的错误不可挽回，还是给马谡定了死罪。

马谡的自负导致了街亭失守，一个人过分自信,不听别人的劝告就是自负。

自以为是就会让你看不清事物原本的真相，从而遮蔽了双眼，做出一些错误的决定。自信并不是夸大自己的能力，并不是只看到自己的长处，而是客观地认识自己，认识自己的优点和不足，在对自己有中肯的评价时，接受不完美的自我，爱这样一个不完美的自己，对自己抱有希望和期许。

自以为是是过了度的自信，任何事物都是这样，过犹不及，不是有"骄兵必败"这样的警示吗？

正确合适的自信让你向成功迈出第一步，然而自大骄傲则会给你带去负面的影响，它是你前进路上的一块绊脚石。自负不仅会拖住你奔跑的步伐，自以为是的人也不会得到别人的赞赏和喜爱，因为"天外有天，人外有人"，自信、谦逊的品质才是最难得的。

你一定知道夜郎自大的故事。汉朝时候一个小国家——夜郎，那里的国王因为对世界了解甚少，竟以为自己统治着一个最大的国家。一次，汉朝使者从滇国经过来到夜郎，夜郎的王国不知天高地厚地向汉朝的使者提出疑问，自己的国家夜郎和汉朝相比哪个更大。事实上，当时夜郎的面积也只有汉朝的一个县城那么大。这样自负骄傲的国王真让人啼笑皆非。夜郎国王和我们常说的井底之蛙倒真是有些相像。

自信的人看上去都会更有魅力，有自知的自信更说得上是一种智慧。自信要在自知的基础上才显得有意义，盲目的自信是愚蠢的，自负和骄傲会缩短你的视野，只看得到自己，看不到外界的眼光是狭隘的，没有益处的。

每个人都有知识的盲点，没有一个人是无所不能的，也就是说，没有一个人是完美的，在一些时候，往往别人的意见和观点，正好点亮了你的盲区，可是自负的人体现出的是一个人的无知，并且不承认自己的无知，不懂得自我批评，更别说接受别人衷心的建议和意见，然而往往这时候就会与成功的机遇擦肩而过。自以为是的人和别人在一起"唯我独尊"的模式，也会让身边的人慢慢疏远你，因此而失去朋友。

我们需要自信，但我们不做马谡和夜郎国王，我们还需要在拥有自信的同时，拥有一颗自知而谦逊的心，若是我们的自信变了味，成了骄傲自负，那样只会让我们前进的道路更加坎坷、艰难。

你是我最好的作品

世界上的人千千万万，我们总感觉自己并不是最好的那一个，天才很多，我们也并不是其中一个，我们要怎么自信起来呢？

专家们做过一个实验，这个实验是一个关于自信对学生学习表现的影响的实验。把一个班的孩子分成两半，一半孩子的家长在每天孩子放学回家之后，尽量多鼓励孩子，每天对他们说"你很棒""我们相信你""加油，你能做好的"之类的一些鼓励孩子建立自信的话语。然而另一半的孩子家长则总在他们面前说："你看XXX，他总是比你好""你真是笨啊，这种题都说很多次了还不会"等等一些打击孩子自信心的话语，一整个班被选中参加测试的事情只有老师和家长知道，没有一个学生被告知。

为期一个月的测试开始了，在这个家庭影响为重点的实验过程中，老师也在平时的教学活动中记录着学生们的不同的表现。

一个月过后，老师出了一套题，进行了一次小小的考试，来看看一个月过后，学生们在学习成绩上有没有什么大的变化。

实验结果出来了，那些在家里受到父母鼓励的孩子有的在学习成绩上有了小小的进步，有的保持原来的水平，而之前那些总是被家长苛责的学生则部分呈现退步趋势。

专家向两组学生分别询问了在不同家庭影响下学生们不同的心理和态度，那些常常被表扬鼓励的孩子说，他们的家长总是给他们鼓励，让他们觉得自己是很有能力的，一点点的进步都会让他们感觉自己的努力会有收获，并且相信自己如果更努力则会进步更多，心里自信满满，觉得学习的时候也充满了动力。

而那些被家长打击的孩子则表现出一种厌学且自卑的情绪，因为他们觉得，不管他们如何努力，对于父母来说收获都是微乎其微的，父母一拿自己和别人对比，就觉得自己很差，慢慢地对学习失去了兴趣，没有了努力的动力，感觉自己好像真的不行，也不愿意相信自己有改善的能力。

这个实验表明，外在的鼓励和肯定对于我们来说是多么重要，自信对于我们来说是起着多么大的作用。自信是我们去解决困难的动力，因为相信自己能够成功，信心总是激励着我们去奋斗，也说明了父母对孩子的态度和教育与孩子的成就密切关联。

其实对于每一个父母来说，孩子都是他们最好的作品。因为我们在这个世界上是唯一的，我们是父母的唯一。每个孩子都被父母深深地爱着，并且每个人的爸爸妈妈都认为我们是最好的、最棒的，那是因为每个人都是一块没有被发掘的宝石，总有一天会闪闪发亮。人各有异，唯一共同的是，我们都有自己所长，都有自己天生的骄傲和自豪的优点，父母都把我们当成宝贝，相信着我们总有一天会像宝石一样璀璨无比。

我们对自我的信心，不仅来自于自己对自我的了解和肯定，而且来自于外界的欣赏和鼓励，在这些外在的表扬和肯定中，父母的肯定对于我们来说，是最重要的。

我们总是能听到父母对我们说："我们相信你可以！"这不仅是父母在给我们增添自信，这其实也是父母自信的表现。爸爸妈妈自信的来源便是我们，我们让他们足够相信我们是最好的，是优秀的，有能力成为一个我们自己想做的那样的人。

然而有时候我们会把父母的一些话看成是不支持，对我们缺乏信心。有一个男孩对他的父亲说："爸爸，我以后变成一个飞行员，在蓝天里翱翔。"他的父亲沉默了一会，对小男孩说："当飞行员很辛苦，飞翔在天空中可不是容易的事，在天空飞行你想好了？"男孩点点头，说："我不怕。"父亲出乎意料地没有赞赏男孩的伟大梦想，而是冷静地告诉他梦想实现起来并不简单，很艰难。

其实这不是一位父亲在打击孩子的理想，而是告诉一个满怀梦想的孩子怎样才是正确的自信，有准备的自信比起盲目的信心更适合男孩，更贴近实际。

若是不理会自身的状况去自信，夸大自己的能力，或者压根不了解自己所要去做的事情，就一味相信自己能完成，那只是另一种不务实，而不是真正的自信。父亲看似在打击男孩去实现远大梦想的自信，实则是用另外一种方式去保护着男孩的自信，因为盲目的自信只会给他带来更多的挫折。

父母用很多种方式支持着我们，保护着我们的自信。或许是支持赞赏我们的决定，或许是用他们的经验教育我们现实是怎样，怎样避免脱离实际的自信。父母表达爱的方式也许是不一样的，但是内心都把我们当作了他们最好的作品，让我们畅想自己的人生，在背后默默地爱着我们。

我们选择好要去的方向，全力以赴，朝着目的地前进。不畏惧前路上的困难和挫折，去书写自己的人生，自信便是风帆，自信是我们对自己的肯定，是父母对我们的期待，因为它，我们可以到达想去的地方。现在，扬起自信的风帆，让我们一起去远航。

人生的灯塔——梦想

早晨被手机闹钟叫醒，学校老师用多媒体上课，放学回家打开电脑连上网络查找资料，了解国内外大事，看部电影放松一下……手机、电脑、网络，等等，现在我们日常生活里这些必不可少的事物，若是没有发明者在当时的人看来一个个多么可笑的设想，现在我们一定没有这些东西，若是没有梦想，我们也许还停留在久远的科技发展缓慢的年代。

"梦想"这个词语，总是被人无数次提起，尤其在网络媒体发达的今天，我们看着别人在电视上说着他们的梦想，他说唱歌是他的梦想，她说音乐是她的梦想，他说当一名医生是他的梦想，等等。我们在为别人的梦想加油的时候，我们是否问过自己，我们的梦想又是什么呢？

似乎是在小学的时候，在老师要求写的那篇《我的梦想》的作文里，我写的梦想是什么我几乎已经忘记了。如果一个人没有梦想那会是什么样呢？我想没有梦想的人，一定会碌碌无为地活在世上吧。

对于家住南京的小茅以升来说，每年端午节的赛龙舟是他最期待观看的活动。因为在离他家不远的秦淮河上，一到端午节，就特别热闹。赛龙舟是当天最引人注目的活动，到时候河的两岸都会挤满人，围观的人在河岸上大声为赛龙舟的人呐喊助威，河面上赛龙舟的选手也是心潮澎湃。端午节总是大家齐欢乐的一天。小茅以升和他的小伙伴在那一天都要相约去看赛龙舟，那是他们最高兴的事情。对于小孩子们来说，往往端午节还没到，他们就非常兴奋了。

有一年的端午节，小茅以升因病不能和小伙伴们一起去看他最期待的赛龙舟，而当天发生的一场事故，却在小茅以升心里种下了一粒梦想的种子。

小茅以升在家等着小伙伴们回来告诉他当天赛龙舟的盛况，可是等了很久，小伙伴们都没有来。终于盼来了小伙伴们，可是小伙伴却是一脸的恐惧。他们告诉小茅以升，今天赛龙舟的现场发生了事故，原来是因为看赛龙舟的人太多，河上的桥被看热闹的人挤塌了，很多观众掉进了水里，小茅以升想想那么多人在水中挣扎、惊恐的景象，心里很是悲伤。

那件事情发生后，小茅以升心里暗下决心，以后一定要造结实的桥，不会坍塌的桥，让走在桥上的人都能感到安心。梦想这粒种子在小茅以升的心里开始生根发芽，他开始留心各式各样的桥，并且把在杂志、报纸上看到的关于桥的信息都摘录下来。茅以升想要成为一个桥梁建造者的理想指引着他努力的方向，他一直在这条道路上奋斗着、不畏辛苦，不畏困难。

在1917年的时候，茅以升拿到了美国康奈尔大学土木专业硕士学位，并且成为了优秀研究生。20世纪30年代的时候，茅以升主持修建了钱塘江大桥，茅以升的梦想得以实现。那个曾经因为一次桥梁坍塌而在他心里建立的梦想，使他用一生的时间来一点一点变成现实。很多伟大的人都是心怀着一个梦想奋力向前，去接近自己的梦想，去让梦想和现实缩短距离，而最后梦想照进现实，他们成功了，不但实现了自己的理想，也得到了肯定和赞赏。

一个人若是没有梦想，就会像失去线的风筝，不知方向在何处，随风飘荡。

青春没有梦想，就枉费了青春岁月的激情，我们应为追逐梦想而感到生活的丰富多彩，青春时光里因为有了梦想，而有了照亮幸福航线的灯塔。梦想的存在，是为了提醒我们，生命是没有界限的，它充满着无限的可能性，可是首先我们得敢去想、敢去做梦，梦想才能成为那盏灯塔，照亮我们前进的路，告诉我们生活的方向，让我们的生活变得有意义。

人若是只为了生存而活着，那就如同动物一样，因为我们敢去改变、敢去冒险，我们才有了人类的特质。改变和冒险的背后，便是我们年轻的梦想。

因为有梦想，我们就有了前进的方向，一旦有了可以努力的事情，生活就变得充实，因为梦想的充实让生活充满了满满的正能量。去实现一个梦想的过程，就是为青春积累财富。

实现一个目标所带来的成就感是其他任何事情无法比拟的，我们会在实现梦想的过程中学会成长。最快乐的事情就是当梦想照进现实那一刻，最值得的收获是在奋斗过程中学会长大。梦想就像黑夜星空中的北斗星，为迷茫的我们指明方向和道路。

梦想不分大小，成为科学家不一定就比画出一幅画更伟大，梦想是发自内心地想要去做，想要去为之付出努力的事情。若是出自真心，每一个梦想都有实现它的意义和价值，哪怕你的梦想并不会得到所有人的赞赏，毕竟，你的灯塔只为你的远行导航。

有个女孩，当她看到电视里有人在翩翩起舞时，就被优雅的舞姿迷住了，她梦想有一天也能站在这个舞台上跳上一段舞。可是所有人都嘲笑她，因为她是一个没有腿的女孩，每个人都认为她的梦想只能是想想而已。

可是谁也没有想到，这个坐在轮椅上的女孩竟然把自己的梦想变成了现实。她坐在轮椅上完成了舞蹈，虽然她的舞蹈以手部动作居多，但是仍然是一段美丽的舞蹈。

女孩实现梦想的过程并不容易，首先她得学会自己去控制轮椅，并且把轮椅控制得熟练，她的手在练习中一次次被磨破，很多人都劝她，不要再继续练习了，因为这样的练习对于一个没有双脚，无法自由走动的人来说实在是太难了，但她却一直没有放弃过。

她想，她可以和正常人一样，她并没有因为自己是残疾人就失去了实现梦想的机会，她不仅有梦想的权利，她还有实现梦想的能力。

她在舞台上为观众表演她精心编排的舞蹈时，她的手就好像一只灵巧的鸟儿，变幻出各种美丽的舞姿，她的轮椅此时也没有成为她的障碍，她把轮椅控制得得心应手，完全和她的身体融为一体，那轮椅好像也成了这优美舞蹈的一部分。

台下的观众为她的舞蹈欢呼，更为她的那种执着追梦的精神感动，全体观众都站起来为她拍手喝彩。她觉得一切付出都是值得的。

有时候我们会感到茫然无措，不知道自己该干什么，总会觉得自己什么都做不了，不够聪明没有天赋，可是，若是连梦想都不敢有，我们前进的道路又在哪里呢？当很多路摆在我们面前时，梦想便是最好的选择依据。

怀抱着一个梦想，用我们的青春去追逐它，去为之奋斗，这样的年华才是最好的年华。

我们都有做梦的权利，有多少伟大的人不就是因为一个梦想最后便成了他们想要做的那个人吗？年轻的时候，我们也许会失败，也许会哭泣，也许会失望，可是却不能忘了内心深处关于梦想的呼喊。

梦想对于每一个年轻的我们来说，是最好的宝藏，你收获的永远不只是你最初的梦想。

我们的脚步追随的不是那些我们双眼看到的，耳朵听见的，而是来自于内心那束也许被我们遗忘、也许被我们忽略的叫作梦想的灯塔的光芒。

衣带渐宽终不悔，为梦消得人憔悴

有一种幸福是把梦想变为现实，在这个过程中所付出的努力和艰辛最终都会在梦想实现的时候，变成礼物赠给你。

雪山上有一滴纯净的水，它向往着海洋，天空中的云朵告诉它，海洋广阔、蔚蓝，比头顶上的天空还要美。这滴雪水梦想着海洋的美丽，它想要成为大海中的一滴水。

它顺着雪山流下，来到一片草原。草原上牛羊万千，悠然自得地吃着草，骏马也在草原上飞奔，好不自由。空气中弥漫着青草的香味，天空也格外湛蓝。雪水被这绮丽的景色迷住了，草原上一条小河里的水对它说："留下吧，这里风景如画。"雪水想了想，海洋的澎湃还在等着它，它的梦想是成为汪洋中的一滴，所以它回答小河说："谢谢你，不用了，我还要到远方的海洋里去，去见识见识大海的美丽。"

雪水路过了草原，来到一座山下，要到达大海，就得翻过一座又一座的山川。山川河流众多，雪水一刻不停歇地绕过山川。只要想到海洋会在前面等待，雪水就觉得再长的路途，也不是什么难事，心里怀抱着关于大海的梦想，每经过一次断崖，每经过一次急流，它都不曾害怕，它想，这只是它投进大海的怀抱前的考验罢了。

经过险峻的山川，雪水来到了一片丛林。丛林里有各种各样的动物和植物，雪水算是开了眼界，它看到那么多从未见过的生物，内心十分愉悦。可是突然它发现，它被沾在了一丛矮矮的灌木丛的叶片上，它心里很害怕，因为这样它也许就不能流进海洋了。

不仅如此，太阳越来越大，雪水眼看着自己就快要被蒸发了，雪水很是着急，因为这样意味着它的梦想不能实现了，它还没有感受到大海的壮阔，它一点都不甘心。它使劲朝着叶片的尖端滑行，想落进临近的河道里，可是太阳的热并不被它的意志所左右，依然曝晒着整个雨林，它也一点一点变为水蒸气。

雪水变为水蒸气，来到高空中，遇冷变成了云朵里的小水滴。它期盼着它和其他水滴聚集成这朵云，能飘过海洋的上空，让它看看海洋，看看它那个没有实现的梦。突然起风了，风剧烈地吹着，云朵太轻，被风吹着走。这时，空气里飘来海洋的味道，雪水激动不已。在这过程中，不断有更多的水蒸气遇冷加入它们的这朵云，最后云朵越来越大，变成了雨，雨哗哗地下着，落在大海上，雪水一下子跃入了渴望已久的大海，到达了它的梦想之地。

　　这一路上，雪水经历了太多——经历了安逸，经历了困难，但它仍然选择了最初的梦想，选择最向往的大海。当它面对那些诱惑、痛苦和失望时，它一点没有动摇自己的信念，虽然它不能控制水流的方向，但它能控制自己的内心，虽然草原的生活悠然自得、风景宜人，它却坚持自己的梦想，继续前进。就算遇到了阻碍，它的心还是在海洋那里；就算它被太阳蒸发，它的心里也不曾放弃自己的梦想。

　　别看梦想这个词那么简单，从嘴里说出来只要几秒，但是有时候实现一个梦想也许要用尽一生。曾听过这样一句话：只要愿望足够强大，便可以改变天空的颜色。只要我们的梦想足够坚定，也可以改变天空的颜色。自助者天助也，这不正说明一个追逐梦想的人，勤奋认真地付出，执着坚定地努力，老天都会特别优待这样的追梦者，因为不是所有的人都能拥有一个梦想，并不是所有的人都会愿意为梦想奔跑，不是所有的人都会为梦想坚持到底。

　　梦想太值得我们去付出，去努力，世界上没有一种成就感可以代替梦想实现的那一刻。当我们看着那些站在镁光灯下的明星，羡慕着他们耀眼的明星身份，却总是忽略他们台下的努力，没有一个人不努力就能成为梦想中的自己，没有一个人没有梦想还能走向成功。

　　凡·高曾经说过一句话："我的作品就是我的肉体和灵魂，为了它我甘愿冒失去生命和理智的危险。"画画对于凡·高来说，就是他毕生的梦想。就算是后来的凡·高被精神疾病折磨着，只要清醒过来，凡·高都会拿起自己的画笔作画，画下他心里最美的记忆。有时候我们无法去理解这样的行为，可是当我们为了梦想去奔波、去付出努力的时候，你或许会发现一个人的疯狂，就是为了一个叫作梦想的东西，而梦想也不会抛弃爱它的人。

如果没有梦想，我们的一生便会没有追求，没有期许，没有前进的动力。而梦想教会我们怎样去期待，如何去成长。

树上传来一阵又一阵的蝉鸣，一只松鼠寻找声音的来源，发现是一只知了在叫。松鼠问知了："你一直这么唱，不觉得很累吗？"知了说："不累不累，我可是等了五年才得以来到树上唱歌。这是我梦想成真的时刻。"松鼠听了知了的回答，再也不觉得知了聒噪了。它感到羞愧，自己并没有像知了那般，为了一个梦想学会忍耐，学会等待，储存了能量一天一天地向着梦想努力。

很多人只知道美丽的蝴蝶要经历一番破茧而出的艰难历程才能最终羽化成蝶飞向蓝天，却不知道夏天的知了在鸣叫之前，要在黑暗的地下待上几年，有的甚至要在地下待上十几年。也许对于知了来说，在夏天的歌唱就是它一生的梦想，哪怕这要花费它几年甚至更久的时间在暗无天日的地下等待成熟，等待成为"歌手"的时机，等待在夏日里一场不知疲倦的演唱。

也许我们实现梦想的时间要花上比一只蝉到夏日里歌唱等待的时间还要久，有时候我们便会怀疑自己这么久的努力会不会换来最理想的结果。其实，不管最后你的最终目标有没有实现，每次努力，每次尝试，最后都会是生活的财富，每一次努力都会让我们成长，变成一个越来越好的自己。

　　梦想，不仅仅是我们远航的灯塔，更是我们成长的养分，青春因为有梦想才完整。有了梦想，我们就去努力，为之付出，"衣带渐宽终不悔，为梦消得人憔悴"，为梦想而努力，再多的付出也是值得的。

醒来，是梦想成真的第一步

每个人都有大大小小的梦想，"梦想"跟"梦"息息相关，如果梦想不去实践，不过是在梦里想想罢了。如果想把梦想变为现实，我们就得行动起来。

有一个人，他是一个梦想家，他有许许多多的梦想。因为有这些梦想，他的精神一点都不孤单，他一想到自己实现梦想的那一天就激动不已，有了梦想的陪伴，他觉得自己一点都不空虚。

今天他说："我的梦想是成为一名飞行员，在高空中翱翔，像鸟儿一样。"他身边的人都觉得这真是一个伟大的理想，都对他赞不绝口，鼓励他要不怕艰辛成为一名真正的飞行员，去感受天空中的飞翔。

明天他说："我还有一个梦想，要当一名医生，救死扶伤，那是多么值得人尊敬的职业。我要细心地为我的病人治病，我想，看到他们痊愈，那会是我最大的成就。"他的父母听了这个梦想，觉得自己的孩子长大了，他的梦想不再只是为自己，还为其他人着想。

之后他又告诉别人，他的梦想是当一个发明家，要发明那些对人们有益的东西，给大家的生活带来便利。他要发明最能节省能源的汽车，要发明一种对环境没有污染的能源，要发明真正能防偷盗的机器，要发明治愈疾病的万能药……他的梦想很多，而且都很远大。

有一个人和这个人不同，他没有那么多看似远大的梦想，他告诉爸爸妈妈，以后想要画出自己喜欢的画。他的爸爸告诉他："既然这是你自己的梦想，想要实现的话，你就要努力。"他听了父亲的话，心里暗下决心，多苦多累也要成为一名画家。

那个对自己的梦想夸夸其谈的人，除了每天研究自己的梦想，什么都没有做，他沉浸在梦想实现的那一天。他总是寻找着梦想，他梦想的背包都快要装不下了，因为他的梦想太多了。

在那个梦想家对自己的梦想憧憬的时候，那个想要画画的人早已经开始学习画画，他每天都要拿着画笔画上一会儿，手掌的外侧总有些铅笔留下的黑印。他看到任何事物都会留心观察它的形状，色彩、光影效果，等等，在素描画得越来越好之后，他又开始学习色彩，一步一步地在向他的梦想前进。

这个画画的人从模仿名人的画作到画出了自己独树一帜的风格，一路走来，他遭到了很多批评和质疑，但是他没有放弃当一个画家的梦想。他经历过实现梦想的艰辛，他就越发肯定自己要去实现这个梦想。画画的人在为画家这个梦想努力奋斗的时候，那个梦想家还在梦想，他的梦想已经多得数不过来，却没有一个实现的。他总是通过幻想来得到他想要的成就感，却没有想通过努力，去把其中一个梦想实现，得到更真切实在的成功，也从不去尝试努力和付出。

当画画的人在讽刺和批评的声音中变成了一个真正的画家时，大家对他十分赞赏。当他沉浸在实现梦想的快乐中时，只有他自己知道他是多么勇敢地走出实现梦想的第一步，一步一个脚印地走到成功的今天，这些艰辛他忘不了。然而那个梦想家仍是一个梦想也没有实现，他一直做着梦，他那些梦想只是空想。

梦想从来都不是想想而已，说说而已，确定一件事在心里的位置，就要为之去努力，去奋斗。让梦想实现的首要条件，就是从梦中醒过来，回到现实里，做一个行动派，而不是空谈者。

我们一定有很多梦想，想用青春去为梦想奋斗，但是只有跨出第一步，踏踏实实地走在前往梦想之地的路上，梦想才真正开始一点点靠近你。如果只把梦想当作氢气球，漫无目的地任它飞走，我们便只能看着它飘向远方，体会不到成功的滋味。年华短暂，什么时候开始实现梦想都不晚，最怕的是你从来没有想过要开始。

有一只小海龟，它生活在森林旁边的一片海域里。有一天，它在沙滩上散步，遇到了一只刚刚旅行回来的猴子，海龟便和猴子聊起天来。猴子告诉它，在旅行途中它见过一种猴面包树，巨大无比，猴面包树的树冠非常大，树干也很粗壮。猴子一边说着，一边给海龟比画："那些果实可好吃了，怪不得叫猴面包树。真好吃！"一副沉浸在美味中的样子。猴子还告诉乌龟，成片的猴面包树是非常壮观的。

海龟心想，它一定要在有生之年去看看猴面包树。第二天它就出发了。在路上，它遇到了刺猬。刺猬问海龟："你要去哪里？"海龟笑着说道："我想去看看猴面包树。"刺猬笑起来说："那你慌什么，你的日子还长呢，你那么长寿，可以慢慢地去啊。"海龟笑了一笑："如果我总觉得自己长寿，日子很多，那么我将永远看不到猴面包树了。"

爬了一段时间，海龟遇到了一只浣熊，浣熊问海龟："你这是要去哪里呢？"海龟说："我要去看看猴面包树。"浣熊不解地对海龟说："你不是住在海边吗？你为何不慢慢地去，反正你那么长寿，不用忙啊，你从海边到这里才用了这么几天，你何必这么辛苦呢？"

"不，不，不，我时日再多也有完结的一天，如果总在想着明天，那么什么都做不了。而且，我很享受为了我的梦想——看看猴面包树，而付出努力，我辛苦也是值得的啊。我爬得这么快，我觉得我自己还有激情呢，虽然我80多岁了，呵，呵，呵。"

几个月之后，海龟看到了猴面包树，看着猴面包树的那一刻，海龟心里一阵欣喜和激动，它总算看到了它心里惦念的猴面包树，看着猴面包树在阳光下壮美的样子，海龟带着满心的快乐回到了海边。

在海里，一只海龟的好朋友问海龟："见到你的猴面包树了？"海龟高兴地回答它："是的，我见到了猴面包树。我的梦想成真了。"海龟朋友不解地问："仅仅看到一棵树你就高兴成这样？"海龟笑起来，说道："不仅仅是梦想实现了高兴，还因为去旅行的这几个月，一路上遇到大雨，遇到炎热，遇到各种各样的动物，我发现生活原来那么精彩，重要的是我觉得自己还有去做好一件事情的精力和毅力，这太令我兴奋了。"

关于梦想，其实最有意义的部分不在于我们最后是否实现梦想，在于我们为之奋斗的过程。

在梦想开始的时候，我们要为了实现的那一天去付出和努力。有时候我们的梦想并不一定成真，但若不努力，它就一定不会实现。在实现梦想的过程中，我们不可能一帆风顺，各种各样的困难会在开始为梦想努力的那刻接踵而至，但是不要紧，只要我们有颗要把梦想变为现实的执着之心，只要我们用尽全力去接近理想之地，就算最后没有达到，我们也能在过程中学会成长，成为一个更好的自己，这样的我们，足够可以往下一个梦想前进。

醒过来，就是实现梦想的第一步。梦想永远不只是想象，不然它就变成了空想，就像美丽的肥皂泡，再绚烂也有破灭的一刻。梦想照进现实没有捷径，只有醒来，跨出勇敢的一步，踏上征途，才会离梦想越来越近。

我在这里看你梦想实现

追逐梦想的路上，免不了挫折。我们不放弃的理由不只是因为那颗不服输的心，也因为在我们的背后，总有人默默地支持我们，鼓励着我们去实现自己的梦想，不管结局怎么样，都不会改变一直支持我们的心，那便是最爱我们的父母。

一位小提琴爱好者为了学习小提琴而离开了自己的家和父母，到外求学，每年回来的时间只有一天。这一天他总是格外期待，因为他回来的这一天总是要给自己的父母拉上一曲，让爸爸妈妈听听他的琴艺有没有进步。

在外面求学很辛苦、很忙碌，他不但要跟着老师学习拉小提琴，很多时候他还得跟着老师到世界各地去演出，然后在观看演出的过程中从各位大师的身上学习一些他的老师教不到的技艺。有的时候一首曲子他得练上很久，却不见进步，有的时候他的脸颊因为长时间夹着小提琴练习而发疼，但是他都不愿意放弃自己的小提琴家梦，因为当他想起父母每一年的那一天听着他拉小提琴的样子，就又打起精神来好好努力。

年复一年，这位小提琴爱好者的技艺越来越娴熟。这一年他回到家里，他的父母十分高兴，做了一顿大餐迎接他。这次归家他意外得到三天的休息时间，因为他的老师来到了这个城市演出，他可以在家多待几天。回到家的这天，他和父母吃完一顿丰盛的晚餐之后，他如以往一样拿出小提琴给父母演奏。

他拉着一首又一首优美的曲子，看着父母赞赏和欣慰的目光，他觉得这一切付出和努力都是值得的，因为他练习有了效果，他在一点一点进步，他离成为小提琴家的梦想越来越近。

可是在一个很偶然的机会，他发现自己的妈妈听力其实很差，他叫妈妈几次，妈妈却没有给他任何回应。后来他才知道，妈妈早在几年前听力就受到了损伤，并且一年不如一年。为了不让他担心，父母从来没有告诉过他，每年回来的那一天，父母也不想让他失望，所以只要他回来，父母都从来不提耳朵的事情，并且父亲总是默默地提醒母亲下一步该怎么做，他拉得太投入，从来没有发现过。

他暗自流下了感动的泪水。在为梦想奋斗的过程中，付出努力，不仅收获了技艺，也感受到父母真心的关怀。这让他知道，不管梦想能不能实现，在他背后都有父母的默默支持与鼓励。

最后，这名小提琴爱好者成了和他的老师一样出名的小提琴家。当有人问他是什么支持他实现梦想时，他总是毫不犹豫地回答："我现在能站在舞台上拉着我最爱的小提琴，因为我的梦想背后有我父母的鼓励，是他们的支持推动着我去实现梦想。"

父母就是我们实现梦想的动力。在梦想的路上因为有父母的支持，我们变得格外勇敢，当遇到别人的不解和嘲笑时，只要想到父母在背后的支持，任何事都没什么大不了的。

我们不可能孤立地活在这个世界上，很多时候我们都需要别人的理解和支持，因为每个人的梦想不同，在梦想这条路上，我们都是孤独的，每个人都要为自己的理想去拼搏，而父母给予的关怀和陪伴温暖着独自在理想路上奔跑的我们。

一个女孩一直想走出大山，去学习知识，这是她的梦想。这件看上去简单的事情，对于她来说却是很难，她的家庭条件太差，时常都会面临着辍学的危险。她把外面的世界看成一本书，她多么想认真地捧起这本书来读。等她终于考上了理想的大学，要走出大山去求学时，她开心万分，可是她的父亲却一句话也没有说。

她以为自己的父亲并不支持她的梦想，因为她的父亲从来没有对她说过支持的话，从来对她的梦想没有过问过。因为家里经济条件十分不好，她以为父亲因为这个不愿意让她到外求学。

可是，等到她收拾好行囊准备去城市读大学的时候，父亲却递给她一个纸袋子，里面放着一叠钱，那是父亲务农卖菜攒下来的学费。妈妈告诉她："你的爸爸其实一直都在为你攒钱，他总是不让我说，是怕你不舍得我们辛苦而放弃读书的机会，无论怎么艰难你爸爸都给你攒一点。他说，你是她的骄傲。在外读书一定要认真，爸爸妈妈在这里等着你回来，脑袋里装着很多的知识回来。"女孩拿着钱，眼泪悄悄地流下来，她以为那个最不支持她梦想的人却是那个实实在在地用自己的方式为她的梦想付出的人。

有时候，我们以为只有说出来的话才叫支持可是我们的父母却是用最少的语言做着最多的事情来鼓励我们的人。梦想实现并不容易，比我们经历很多的父母更明白这个道理，他们年轻过，也一定在实现理想的过程中摔过跤，失望过，也都想过要放弃，所以他们更加理解我们想要成功的心情，也更懂得怎样用无言的方式告诉我们："没事，去追你的梦，我们在这里看着你，看着你成功的一天，看着你梦想成真的一天。有我们在，就没有难关过不去。"

父母不求回报地支持着我们的小梦想，但是他们不能代替我们去选择一个梦想，不能代替我们去面对挫折，不能代替我们尝试失败的滋味，不能代替我们把自己的梦想变成现实，一切都要靠我们自己的信心、执着和行动，然而因为有身后父母的支持，我们可以走得更勇敢、更坚定。

年轻活力无限，我们最不怕的是受伤和失败，最怕的是我们放弃了梦想，忘记了还有父母在梦想路上的陪伴。青春不就是拿来成长，拿来纪念，拿来感受爱和热情的吗？去实现梦想，在这旅程中感恩父母的支持，这应该是对青春最好的一种纪念吧。

我们不要害怕艰辛，不要害怕摔跤，不要害怕失败，谁的青春里没有一次受伤呢。但是，在这并不轻松的追梦旅途中，有父母的默默支持作为我们梦想的后盾，有我们不灭的信念，我们一定会让梦想和现实拥抱，划出最美丽的彩虹。

不竭的动力——坚持

万事开头难，是说要做一件事情，开始是最难的，因为开始一件事，需要勇气，需要准备。但是，我觉得做一件事最难的不是开始，而是坚持下去。如果说开始是一个人的爆发力，那么坚持就是一个人的忍耐力，光是靠爆发力我们走不了多远，坚持不懈才是成功路上不竭的动力。

课堂上，老师对同学们说："今天我给大家布置一个简单的任务，就是每个人回去看一页书，并且以后每天都看一页，这个任务不算太难吧？"大家齐声回答道："不难!"实际上大家都觉得这个任务实在是太简单了，一页书花不了五分钟就能看完，一天24个小时，怎么可能连五分钟的时间都抽不出来呢？

过了一个星期，老师又在课堂上问同学们："请还在持续每天看一页书的同学举手给我看一看。"几乎所有同学都举着手，脸上都带着自豪的神情，因为他们一直坚持着这件事情。

一个月过去了，当老师问起相同的问题时，有两成的同学没有举手，老师问他们："为什么没有继续做呢？"有的同学回答说："因为有时候觉得一页书很少，我决定攒起来看，可是慢慢地我居然把这件事情给忘记了。"老师没有说话，只是叮嘱那些一直坚持的人继续看下去。

一个学期过完了，在最后的那节课上，老师又再次问起来还在坚持每天看一页书的人有多少，举手的人只剩下两个。老师笑了一笑，对同学们说："不出我所料，最后坚持的人一定很少。

其实，看一页书这样的事情的确很简单，每个同学都可以做到，但是每天坚持看一页书为什么就变得很难，因为坚持考验着我们的耐心还有惰性。

我们的惰性很强大，但是恒心和毅力可以征服它。坚持这件事情和每天看一页书是一样的道理，它很简单，只要你们愿意花上五分钟，这件事就能做成，然而它难就难在真真正正地做下去，坚持下来的人始终不是大部分。"

我想这也是为什么成功的人是少部分人的原因，获得成功，依靠的不是天赋，不是聪明，更多的人是锲而不舍的精神。有些人之所以失败，那是因为多数人在没有到达终点的时候就已经放弃。我们需要开始的勇气，却更需要把事情做好，把路走好的动力，这就是坚持。持之以恒是我们走在成功路上的不竭动力，没有坚持，是不可能到达目的地。

就像很多伟大的科学家、发明家那样，没有坚持的毅力，很多伟大的发现和发明就不存在了，中途放弃只会让之前的努力白费，困难、挫折、失败固然会打击着他们前进的信心，可是他们却坚持不懈，直到他们的理想得以实现。爱迪生发明灯泡做了七千多次的实验，袁隆平在做了三千多个杂交实验也没有想过放弃，正是坚持的信念使他们最后收获了成功。

荀子说："锲而舍之，朽木不折；锲而不舍，金石可镂。"我们的"金石"只有锲而不舍才能得到。也许我们青春里的"金石"便是梦想，梦想的征途中不可能事事顺利，每个实现梦想的过程艰辛无比，但只要把毅力和恒心作为我们的动力，梦想成为现实不是不可能的。

在一家杂志社的稿件部，有一个人很有名气，她的笔名叫"暮雨"。她的出名不仅是因为她是这本杂志的主编，更因为在她成为杂志主编之前，她只是这家杂志一个非常难缠的投稿者。

暮雨给这家杂志第一次投稿后，如石沉大海一般，没有了音讯。她又投了第二篇，得到的答复是"文字功底不够，不予采用"，但暮雨并没有放弃，接着投了第三四篇，答复与之前相同。

杂志社每次都能收到暮雨的稿件，起初他们并不重视这个人的稿件，可是几年下来，暮雨从来没有间断过投稿，她只要写出来，就会尝试着去投稿，整个编辑部都知道这个人的名字——暮雨。

一次次的退稿并没有打断她的写作，在她一次又一次投稿，稿件被退回来接着又去投稿的过程中，暮雨的文字驾驭能力越来越好，她稿件质量的变化杂志社的人也有目共睹。因为每一次被退回的稿件里都有着被退的理由，暮雨便从这些理由中不断去学习去提高自己的水平。

数不清的退稿后的又一次投稿，这次收到的却是稿件被录用的消息，暮雨激动兴奋也感慨无比，因为没有一个人比她更了解她有多少次想要放弃却又鼓励自己坚持、坚持、再坚持。她开始为杂志写稿，逐渐成为杂志最受欢迎的写手，到后来成为统领杂志的主编。

在做一期名为"文学梦"的专题时，她成了专题人物，当被问及是什么让她从一个投稿者变成今天的主编时，她只是笑笑说："我并不是一个聪明的人，但是一路上我都告诉自己要坚持，坚持写稿，坚持投稿，坚持我的文学梦，坚持往前走，我想，是坚持成就了今天的我。"

踏上征途，我们便要坚持走下去，靠着坚强的意志这艘小舟，我们才能到达理想和成功的彼岸，凭着持之以恒，我们才能到达我们的梦想之地，凭着坚持不懈，我们才能得到成功。

那些实现梦想的人往往不是以聪明和天赋取胜，只是比平凡的我们多了一种毅力和坚持，生活中我们会有很多想放弃的时刻，可是只要我们坚持，坚持，再坚持，胜利的曙光就会最终照亮我们。

第100次摔倒仍会有第101次站起

两个人相约一起去探险，去寻找传说中的宝藏。

探险的第一天，他们遇到了大暴雨，没有一个地方可以躲雨，两个人被大雨浇了个透。他们带的干粮和衣服也被大雨淋湿了，重量加重了，他们的负担更重了。因为身上潮湿，他们觉得要到达预计的扎营地很困难，可是还是忍受着衣服全部贴在身上的不适赶往营地。

来到营地已经很晚了，两个人疲惫不堪，可是还得升火把衣服晾干，感受着火堆的温暖，两个人很快睡着了。

第二天一切顺利，可是难爬的山路还是让两个人感到很累，山路的难走程度超出了他们的预期，所以两个人赶的路并没有想象的多。

第三天，他们需要穿过一片丛林，丛林里有很多不知名的昆虫。两人被一些昆虫叮咬了，身上奇痒难忍，他们把能用的药膏都涂在被叮咬的地方，希望能够缓解身上的痒痛，可是药膏并没有起到多大作用，他们痒得都睡不着觉。两个人都觉得这趟探险真是折磨人，可是为了宝藏，绝对不能放弃。

第四天，第五天，第六天……每天的长途跋涉让两个人筋疲力尽。由于之前两个人对路途情况估计错误，两人用了更多的时间走到了预计四天前就应到达的地方，他们的干粮也快要没了，看到这种状况，想起前几天受的伤，其中一个人说："要不我们别去了，宝藏也不知道有没有，你看，干粮也快吃完了，再这么走下去，吃的也没了，那得多惨啊，我快坚持不住了。"另外那个人说："再坚持一会儿，可能还有三四天就能到了，我们把干粮省着吃，再坚持几天，就有村庄了。"那个说要放弃的人想了想说："好吧，我再坚持一下，真希望以后几天别再遇上什么麻烦。"

第七天，事与愿违，天公不作美，下起了暴雨。这一天他们却要翻过一座大山，下雨让路变得泥泞不堪。在行走的过程中他们不小心从山坡上滑下去，两个人都受了伤，衣服也破了，一些野营的装备工具也摔坏了，无法生火了。

带着身上的伤，两个人找到了一个可以休息的地方，他俩冻得瑟瑟发抖，很难入睡。曾经说过放弃的那个人说："我实在坚持不住了，这么冷，不知道还有多久才能到，我想回去了。"另外一个人告诉他："再坚持一下，我们都已经走到这里了，我想已经不远了，现在回去，不是所有的努力都白费了吗？"那个人一听，想想道理也是如此。衣服没有干，寒冷把睡意驱散，最后他们实在支撑不住了，两人才靠在一起睡了一会儿。

第八天，两个人顶着烈日走了一个中午，他们的体力已经耗尽了，决定停下来吃点东西补充体力，他们剩下的干粮已经很少了，那个曾经说过要放弃的人看看自己手中和朋友手中的干粮，想到以后也许要面临饥饿，便对自己的朋友说："我不想再继续了，我要回去，这里的一切都快要把我折磨死了，我要回去，我不想再坚持了！"另外一个人拉住他，说道："你千万别放弃啊，现在放弃，就什么都没有了。再坚持一下吧，我亲爱的朋友，不要放弃，我们再一起坚持一下。"可是那个人不愿意听，径自地背着背包往回走了，他决定回到昨天那个地方，去发求救信号，等待救援。而他的朋友则独自一人前进。

第九天，那个独自前行的人来到了传说中埋宝藏的地方，开始挖起来，他挖出来满满一箱的宝贝。他的坚持没有辜负他，他的执着和毅力给了他奖赏，然而那个放弃的人，最后一无所获。找到宝藏的人心里高兴而又激动，同时还夹杂着对朋友放弃的惋惜。每一次再坚持一下的时候，或许就是我们离成功最近的时候，奇迹总是发生在我们精疲力竭之时。当我们觉得辛苦的时候，想放弃的时候，那是因为我们在走上坡路呢！等走完了上坡路，下坡路还远吗？放弃很容易，坚持却很难，但是往往因为坚持，我们才得以成功。

"再坚持一下""再试一次"，也许下一秒我们就会与成功拥抱。有时候也许我们放弃的时候，就是站在理想的门口之时，而我们却转身返回。坚持一下就会成功，我们要这么告诉自己，坚持下去。

我们遇到的所有不顺利，都抵不过我们的坚持，这些困难最后都会败给我们的毅力和恒心。

迪士尼乐园的创办者华特·迪士尼若是没有坚持，也许世界上就不会有迪士尼乐园，因为当时迪士尼为了想要把这个乐园的构想变为现实，他到处向银行借钱，可是银行都纷纷摇头，不愿意融资这个项目，他被拒绝了302次，但是迪士尼仍然没有放弃，他坚持着他的梦，坚持着"再试一次"，才有了现在的迪士尼乐园。

当你想要放弃的时候，就告诉自己"再坚持一下"，也许这一次坚持我们就到达了目的地。一个人的坚持可以改变很多事情，一次又一次的坚持有时候只是在给我们的成功积累能量，让我们有足够的能量去叩响理想大门。

有句谚语说："往往是最后一把钥匙打开了门。"在开启我们梦想大门的时候，我们会慌乱、会失望、会失败，我们拿着一把又一把的钥匙在尝试开启这道门，我们手里的钥匙很多，不一定一次就把门打开，有时候我们要不停地尝试，或许下一把钥匙就是你想要的。

我们不怕摔倒一百次，只怕没有第一百0一次地站起来，拍拍身上的灰尘继续向前走。年轻不怕失败，因为我们有足够的时间去改变、去学习、去坚持，成功就在"再坚持一下"中，就在第一百0一次摔跤后地站起来。

坚持自我

《我心依旧》不只是一首歌，我更希望那是一种生活态度。随波逐流太容易，我却希望所有人能够坚持自我。

一个旅行者要去一个名叫艾殿尔的地方，他决定步行去，顺便欣赏沿途的风景，所以要尽可能少带行李。可是有人告诉他，他去的这个地方太远了，他需要一匹马才能抵达这个地方，如果不带马，只剩下疲累，怎么可能有心情和精力去欣赏风景。于是旅行者去买了一匹马，这匹马看上去很健康，躯干壮实有力，一定会是他旅行的好伙伴。

他的一个朋友听说他要去艾殿尔，急忙来到他家，告诉他，这一路上需要很多食品，路途遥远，光靠一匹马是不够的，他需要一辆车，带足干粮和饮用水，让马拖着，这样既可以看风景，也不用担心路途中的行李。于是旅行者又买了一辆小木车。

109

又有一个人来告诉他，光有马是不够的，这路上他得越过一个沙漠，马在沙漠里根本没法走路，旅得需要一只骆驼。骆驼是横渡沙漠的好帮手，没有骆驼，过不了沙漠也到不了艾殿尔。旅行者一听，觉得很有道理，便去购买了一只骆驼。现在他需要带着一辆马车和一只骆驼上路。

就在他快要启程的前几天，邻居跑来对他说："我听别人说，你要去艾殿尔？""是的。"邻居接着说："要去艾殿尔的路上不只有沙漠，还有一条宽宽的河，你如果不准备一艘小舟，就得绕路走很远，差不多要多走七天的路程呢。我家里正好有一艘，你带去吧，有备无患。"旅行者感谢地点点头，等邻居把小舟送过来，他把所有要带的东西进行了整理，才发现，他要带的东西实在是太多了，一辆马车，马车上还载着一堆行李，一只过沙漠的骆驼，还有一艘渡河的小舟。看着如此多的装备，他才想到自己当初的想法，只是想轻轻松松地去一个向往已久的地方，沿途观赏，可是后来他一味地听取别人的意见，虽然这些意见都是为他着想，可是却使他忘了自己的初衷。

最后他决定放弃这些装备，按照自己最初的想法来。他背着一个背包便开始了旅行，一路上他遇到了很多麻烦，可是这次旅行他却见识了很多在马背上看不到的风景，行走于沙漠中体会了生命的极限，绕过河流却看到了一番别样的森林美景。旅人庆幸自己坚持了自我，坚持了初衷。

周围人给旅行者增添了那么多装备，周围人的建议左右了旅行者的自我，那些装备让他无法轻装踏上旅途。太在乎别人看法的人无法轻松地生活，因为他在乎别人比在乎自己多。

坚守自我是一种境界。坚持自我是去坚守住那些我们不可放弃的梦想，坚持自我是去维护我们不能妥协的原则，坚持自我是守住自我不能逾越的底线。坚持着我们的本心，我们才能更好地进行我们想做的事，想完成的梦想，想到达的彼岸。

外部总会有很多的声音来干扰我们，外界的诱惑又那么多，坚持着自己的选择和初衷不被改变，那我们就会无怨无悔。

云朵被风轻轻地吹走，它没有办法控制自己的方向，可是它却习惯了这样的漂泊不定。某天，一阵风吹来，把它推到一大树顶上，它便轻声细语地和大树攀谈起来。

"嘿，大树，我刚刚看到了一只奔跑的野兔。"

"啊，一只飞奔的野兔啊，我看不到，我不会移动。"

云朵骄傲地说起来："我可是什么地方都能去，我看过的风景一定能有你在这个小山丘上看到的一百倍。你可别羡慕我啊。"

大树问云朵："那你知道你接下来要去哪里吗？"

"我怎么可能知道，我只由风带着，它去哪里我就去哪里。"

"难道你都没有想去的地方吗？"

云朵想了一想，回答大树："我不知道我想去哪里，我不想去哪里，我不愿意想这些，反正这些愿望对我来说都是没用的。因为我左右不了自己。"

大树笑了笑说："那我可不羡慕你。虽然你能看到一些我看不到的风景，可是我却可以守住我的根，在这里吸收养分，去做一棵给别人乘凉、给小鸟做窝的大树。去实现我想变成有用的树的梦想！"

我们不能做白云，只能任由风带着它走，风想让它去哪儿，它就去哪儿。我们应该像树一样，我们的叶片也许会跟着风起舞婆娑，但是我们的根深深地扎在土壤里，守住自己，不随着雨水大风失去了原本的位置。

面对诱惑，我们要坚守住自我；面对失败，我们要坚守住自我；面对嘲笑，我们要坚守住自我。许许多多伟大的人身上都有一个共同点就是他们都坚持自我，外界的影响对他们所坚持的梦想来说都是微乎其微的。

坚持自我是一种幸福。比起当一块毫无棱角的鹅卵石，我更愿意做一块有着自己棱角的小石子。当我们选择了一条路，一种生活方式，我们就要好好坚守，因为自我是我们能与别人区别开来的标志，是一个人最不可丢失的。没有了自我，一切也就没有了意义。

保护着我们最初的梦想，维护着我们的本心，恪守着我们心灵的指引，坚持自我，我们总会在漫漫人生路上创造出我们自己的奇迹。

心无旁骛？

坚持自我，是一种执着，一种毅力和一种恒心，但是，坚持自我仅仅是一味地坚持自我，只活在自我的世界里，不听除了自己之外的任何声音吗？答案是否定的。

在河边，一只猫看到一个人拿着一根棍子，上面系着一根线，放在水里。猫问那个人："你在干吗呢？"那个人回答说："我在钓鱼。"桶里有几条小鱼活蹦乱跳，猫想那肯定是他钓到的，它看见钓鱼人把杆子拿起来，鱼钩上面什么也没挂着，它就走开了。

猫决定自己做一个鱼竿，这样它就可以每天吃到新鲜的鱼了。它在鱼钩上什么也没挂。其实它不知道，它看见的时候鱼钩上的蚯蚓已经被鱼吃掉了，但是鱼没上钩，它就以为什么都不用挂，就能钓到鱼。显然，它是什么都钓不到的。

　　兔子走过来告诉猫："你这么钓鱼是不行的，我看见人都在上面挂只蚯蚓。""不可能，我看见它什么也没挂。"猫还是什么也不挂地把线放在水里，一天过去了，猫一条鱼也没钓到。

　　接着，猫还是这么做。一只狗看见了，告诉猫，人们都是挂上鱼饵才能钓鱼的，可是猫拒绝了它的建议："不是的，我相信我自己看见的，我要坚持这么做，一定会有鱼。"狗摇摇头，无奈地走了。这一天，猫还是一无所获。

　　之后的几天，猫什么都不做，就是待在河边"钓鱼"，这样的钓法怎么可能会有鱼上钩呢？有几个人告诉猫，这样的钓法不对，猫还是不接受建议，坚持这样的钓法。直到有一天它又坐在河边钓鱼，它看到的那个钓鱼人从它身边经过，钓鱼人说："原来你在这里钓鱼啊！"猫点点头，钓鱼人又问它："钓到多少了？"猫垂头丧气地回答："一条也没钓到。鱼都不上钩。为什么你就能钓到鱼呢？"

　　钓鱼人说："你得有耐心，还得挑选好的鱼饵，比如蚯蚓啊……"猫恍然大悟，自己的问题就出在没有鱼饵，但是那天它看见的明明是没有鱼饵的，它便把这个疑问告诉钓鱼人，钓鱼人回答说："那是因为有时候鱼饵会被鱼吃了，但是它却没上钩。所以你就得拿上来，再接着挂鱼饵。"

　　猫听了钓鱼人的建议，挂上鱼饵，最后钓到了鱼。

　　自信，那是一件值得骄傲的事情，可过分的自信就成了狂妄。坚持自我，不听任何意见，执着就变为了固执。那只猫如果早一点听取别人的意见，或许能更早地吃到新鲜的鱼。如果我们走在一条错误的路上，有人提醒我们走错了，我们却一直相信自己的判断，不肯回头，只有等我们到达终点的时候，才发现不是目的地，也许这一路上我们也能收获经验，可是如果我们认真考虑别人的建议，也许我们早就到达了目的地。

有一个人，他相信神灵，一心向佛，他希望有一天能得到佛祖的眷顾。他天天诵读佛经冥想，就希望有一天佛祖能够被他的真诚打动。他阅读着经书里的与人为善，抄写经文里的因果轮回，每天都坚持去参透禅理。

一天，有个饥饿的人来到他家门口，希望能讨口饭吃。这个向佛的人正在诵读佛经，因为饥饿人的声音吵到了他，就十分生气地把他赶走了。

他的父母生病了，妻子来告诉他，希望他去照顾，而他却拒绝了，他说："我一直在坚持着参透禅理，一直坚持着抄写经文，如果此时回去照顾，前面的坚持不就全都浪费了吗？你快去照顾吧，我对佛祖的这份虔诚可是得一直坚持下去的。"妻子哭着对他说："如果你此时不去，说不定以后就见不到他们了。"向佛的人仍是坚持自己的想法："我想我的父母能谅解我向佛的决心，我的坚持被他们打断，他们也一定不愿意，你快回去吧。"妻子无奈，只好只身前往公公婆婆家。

等到向佛的人的父母康复后他的妻子才回到家，向佛的人越发觉得自己没有回家是个正确的决定。一天夜里，家里突然起火，妻子叫他赶紧逃出房屋，可是这个人却一心想着把他的经书搬出来，妻子只好不顾他的反对硬是把他拖出了屋子。

他们在前往亲戚家的路上，遇到一位得道高僧，这个人十分苦恼地问得道高僧："为什么我这般一心向佛，可是却得不到佛的认可？我没有一天不坚持抄写经书，我始终坚持着心中有佛，可是为什么还是这样？"高僧对他说："坚持自己一心向佛并无过错，可是，就连我们这样的出家人还得观看天气辨节气，我们也要耕种传道，就像现在，我要在这里解答你的疑惑。坚持自我，不是只有自我，尘世中怎么可能只有自我，佛在心中，不是除了佛之外并无他物，这样地向佛，并不是佛祖要的。"

我们生活在这个尘世中，不可能只有自己一个人，坚持自我，不是除了自己其他一切都不再重要。如果现实不重要，他人的感受和建议不重要，只有自己的坚持才是值得重视的东西，那么，我们只会走进生活的窄巷里，没有出路。

我们每个人都会有局限的一面，我们会犯错误，会判断失误，使自己陷入困境。有时候他人的建议或许就成了我们走出困境的一把钥匙。坚持正确的自我，却不忽略身边的人，身边的美景，身边的关爱，身边的世界。眼睛不只是用来看镜子里的自己，耳朵不只是听自己内心的呼喊。坚守自我，一个正确的方向，一个值得坚持的自我，心里装着不止一个我，那个叫作心的地方还应有位置留给除了自己之外的事物，这样，我们在生活中，才不会随波逐流，失去了自我，也不会眼睛和耳朵里只看一个地方、听一种声音，而错过了更多的美景、更多来自世界美妙的声音。

116

放弃，是为了更好地坚持

一谈到放弃，我们一定想到的是坚持的反面。其实，我们一边把我们想要的放进背包里，也得学会放弃一些不重要的——只为了更好地坚持，只为了走得更远。

小镇上来了两个人，他们决定来这里做生意，去获得自己人生的第一桶金。他们经过认真地考察，决定在这里开一个糖果店，因为他们发现在这个地方没有一间糖果店，于是两人一起张罗，开起了糖果店。

糖果店的生意并没有想象中那么好，每天只有三两个小孩子买上一根棒棒糖。他们觉得好奇怪，为什么这里的人几乎都不买糖果呢？后来，他们发现原来这里的人种的就是甘蔗一类的植物，所以他们的糖都是吃不完的。他们家里都储藏了很多糖。几乎一个月了，他们的生意没有一点起色，一个人就说："要不我们放弃这个糖果店吧，把它改成另外一个店，这里天气炎热，我们开家冷饮店。"另外一个人坚决地拒绝了："不，我想我们可以改变他们，他们有糖，但是不一定就不喜欢糖果啊。"

那个提出放弃的人便离开了糖果店，自己经营了冷饮店，生意出奇地好，因为这个炎热的地方，人们都喜欢冰凉的饮品。然而那个开糖果店的仍是生意惨淡，他却不肯放弃，一直到最后无法经营下去，结果赔了很多钱。

坚持自我并没有什么不对，可是如果我们坚持的事情原本就是错误的，那么向错误的方向前进，越往前走，只能离目的地越来越远。坚持自我，首先这个自我应该是值得坚持的，像懒惰，自私，不切实际、贪婪，这些就不是我们应该坚持的。错误是没有意义坚持下去，不管我们多能坚持，一个错误的目标只会让我们误入歧途，错误的坚持只会带来失败。

放弃也不是都是错误的，有时候我们的放弃只是为了把能量转移到更好地坚持之上。坚持，需要耐力和毅力，可是放弃更需要勇气。放弃错的坚持，只是为了更好地去坚持一些更值得坚持的梦想。坚持并不是人生答卷里唯一的答案，通过放弃陆地行走，选择划船到达彼岸，这也需要一种勇气。

乔治和汤姆两人决定去另外一个城市看望他们的好朋友，他们想要用一个月的时间把沿途的城市也游览一遍，终点站是朋友的那个城市。

一路上两个人有说有笑，旅行也很顺利开心。因为他们是徒步旅行，看到了比以前乘车前往时更多的美景。可是乔治的背包一天比一天重，汤姆看到了，便主动要求乔治可以把东西分些给他，两个人一起分担会更轻松一点。乔治便把自己的一些东西分给了汤姆，两人继续前往下一个城市。

在下一个城市，乔治的背包已经挤满了，连汤姆的背包也容纳不下了，汤姆提出，让乔治把一些东西抛弃了。乔治非常不情愿地打开了背包，其实他的背包越来越重，是因为他坚持要留下每个城市的一些记忆，他每到一个城市游玩，便会买下一些东西，或者是那个城市一块小小的石头，或者是那个城市的风景明信片……所以他的背包越来越满。乔治看着这些东西不知如何取舍，汤姆就过来帮忙。

汤姆告诉他乔治："你不能再收集这些东西了，我们还有四个城市没有去，这些东西只会让你更累啊。你背包里的东西越来越多，这些沉重的负担只会拖累你的脚步。这些纪念品，不如就送给一会儿我们要见面的朋友，他们没去过这些城市。"

乔治答应了，但是心里仍有些不舍："如果我全部送他们了，我以后靠什么回忆啊？""你可以留下一些最好带的，最轻的，其实最好的纪念就是我们彼此啊，我们一起度过的这次旅行时光，都有对方来纪念，这不是最好的纪念品吗？"乔治答应了。

我们要放弃的不仅是一个不切实际的梦想，也不仅是一个错误的方向，我们还得学会放弃那些并不重要的东西，就像是徒步旅行一样，只有让我们的背包轻松，旅行才能得以坚持，如果负担过重，如何前进呢？

然而我们更多时候应该学会拔除精神花园里的杂草，只为了让更美的花绽放。像过于依赖别人，过多的欲望和过于在乎外面的声音，这些不必要的杂草应该全部抛弃，才能使我们走得更远。

放弃，不是停滞不前，而是为了更好地坚持，为了坚持蓄积更多的能量去拼搏和努力，坚持和放弃从来都不是非此即彼，用另外的眼光来看，放弃有时候是为了更好地坚持。

我们的成长，每一次蜕变，和放弃都分不开，放弃我们的不切实际，放弃我们的狂妄自大，放弃我们的犹豫不决，正是因为这些放弃，我们所坚持的梦想才变得越来越可以触摸到，我们所坚持向往的那些美好的奇迹才得以发生。放弃有时就是另一种坚持，坚持有意义的，坚持值得的，坚持那些我们渴望许久的还未到来的美好。

人生的财富——感恩

　　妈妈做的一碗热腾腾的面条；爸爸一次冒雨的接送；好友一次热心的帮忙；老师一次认真的教导，对于这一切，我们都太习惯，习惯到认为理所当然，习惯到忘记了用感恩的心来拥抱我们拥有的这个美好的世界。

　　明朝末期，在京都附近任学政的左光斗微服私访，为了寻找真正的人才，左光斗毅然不畏风雪出访。外面飘着鹅毛大雪，寒风呜呜作响，他来到了一座古庙中。左光斗走上前，看到一沓纸旁趴着一个熟睡的年轻书生。左光斗拿起那叠稿纸，原来是这个书生写的文章的草稿。左光斗看完文章，认为这个熟睡中的年轻人是一个人才，他担心书生着凉，把自己抵御严寒的貂皮外衣给书生盖上。左光斗通过询问僧人得知了这个青年名叫史可法。

　　考试那天，左光斗当面将史可法点为第一名，并且带他拜见了左夫人。左光斗作为史可法的老师对他倾注了心血，认为他可以继承自己的理想和抱负。

到后来，左光斗因为与奸佞小人魏忠贤集团的斗争而被送进了监狱，监狱不许左家人探视。史可法便每日从早到晚都在监狱的门口等待可以进去看望自己老师的机会，但严密的看管让史可法毫无机会。

在监狱里，左光斗受到了炮烙酷刑，听到消息的史可法再也不能等待了，他拿出银两，泣不成声地向看守请求去看看自己命不久矣的老师，看着史可法真诚的眼泪，看守被感动了，他答应让史可法乔装成打扫的人，跟他的老师见最后一面。

来到监狱里，看到一心为国忠毅不屈的老师已被折磨得不成人样，史可法痛哭起来。然而左光斗为了保全他，毅然把史可法"赶"出监狱。史可法总是流着泪对别人讲述那天的情形，说道："吾师乃铁石铸造的肺腑。"

之后，史可法格外努力，崇祯年间史可法奉命防守外敌，每次警报袭来，便日日夜夜不能睡觉，异常艰苦。他让他的士兵们轮流休息，自己却一直坐在帐篷外。史可法每次想到老师对自己的教导，对自己的赏识，就不敢懈怠。史可法每次经过京城，都要去亲自拜访左公府，去看望老师的家人。

史可法对老师的感恩之情感动着后来的人们，他在日后的人生时刻里抱有对老师曾经的赏识和教导的感恩之情，常常鞭策自己不断努力，生怕辜负左光斗的众望。每当史可法回忆起老师，内心总是满满的感激之情，这也是史可法内心的财富。感恩是一个人重要的品质，感恩在美德领域里显得那么微小，但是没有感恩之情，这个人的生活便也没有了色彩，毫无快乐和幸福可言。

一个人的幸福感往往出自我们对生活里的一些事物的感觉，从这些事物中我们体会到幸福，为什么说没有感恩之心我们就不会快乐呢？因为如果我们对自己拥有的、得到的东西毫无感觉，认为一切是应该的，那么我们只会渐渐失去日常生活中的那些小快乐、小开心，变得冷漠无情，又谈何幸福？

我们应该感谢上苍给了我们一个健康的身体，可以在田野中奔跑，享受自然；感谢我们有明亮的眼睛，可以看到彩虹的颜色；感谢我们有灵敏的耳朵，可以听到鸟儿的歌唱；感谢我们的父母爱我们胜过爱自己；感谢我们的同学朋友给予我们友情和帮助；感谢老师教我们去认识这个世界的方方面面……正是因为我们懂得感恩，我们才可以握住打开幸福大门的钥匙。

我们不能对身边的一切美好和爱熟视无睹，对于自己拥有的一切也不能置若罔闻。感恩是通向快乐的桥梁，没有感恩，我们会掉进痛苦的深渊。

曾经有人分别问了两个盲人一个问题："失去视力对你意味着什么？"一个盲人满脸笑意，一个盲人愁眉苦脸，那个总是快乐的盲人回答说："我没有了眼睛，可是我的听力却变得更灵敏了，每天早晨我能清楚地听到窗外鸟叫的声音，我就感叹幸好我的听力没有失去，我还可以听。并且我的双手还可以摸到我的小狗柔软的毛，我的双脚还可以带我去街边的公园闻一闻花香，我感谢除了眼睛，我还有那么多幸福，尽管我不能像从前那样轻松地生活。"

　　然而那个愁眉苦脸的盲人一听到问题，先是长叹一口气，然后沮丧地说道："失去我的眼睛，就像世界的灯被熄灭了，我曾经能看到的美景现在再也看不到了。看不到太阳，看不到星光，我的生活变得艰难，以前几分钟做好的事，我得花更多的时间来处理，我感觉我周围的人都觉得我是一个包袱，为什么偏偏是我瞎了呢？总之，没有视力，我的世界好像都崩塌了。"

　　同样的境遇，不同的人得出了不一样的感受，乐观的盲人对那些还拥有的东西充满感激，那颗感恩的心淡化了他的痛苦，虽然他失明了，但是感恩的心却照亮了他的生活，让他看到了希望和快乐。但是那个天天唉声叹气的盲人，他只抱怨自己失去的光明，对那些仍然存在的幸福却置之不理，只能在自怨自怜中度日。

　　感恩也许不能带来直接的物质财富，或者是巨大的经济利益，但是对于人的一生来说，金钱和物质不是唯一的幸福来源，去体会那些微小的日常生活中的幸福才能构成幸福的记忆。我们可以失败跌倒，可以为疼痛哭泣，可是我们却不能遗失感恩的心。不懂得感恩，快乐幸福无从说起。

　　感恩是一辈子受用的人生财富，当你的心里装着感恩，走在人生的旅途中，你就会收获越来越多的快乐和幸福。

莫忘父母恩

很小的时候，我觉得世界上最厉害的人可能是超人，他在天上飞来飞去，哪里有人需要帮助，他就出现在哪里，哪里有恶霸他就去哪里惩恶扬善。他厉害无比，是我心里的英雄和偶像。

等我再长大一点的时候，我认为世界上最值得崇拜的是人民解放军，每次遇到地震、洪水、火灾等紧急情况，都是他们冲在前面。他们勇敢刚强，保卫着国家，是现实生活里的"超人"。

如今，我更懂事后，我发现最伟大的人其实是父母，他们的行为看起来平凡又普通，可是所做的却是全世界最无私伟大的事情。我曾经听过山姆·麦克布雷尼写的一个小故事，讲的是小兔子和它的爸爸在比谁爱谁更多一点，小兔子用各种各样的表述来表示自己更爱爸爸多一点，可是到最后我们会发现，小兔子的爸爸永远都比小兔子爱得多一点。这个温馨的小故事让我想到我们都是那只小兔子，以为自己爱父母很多很多，可是却不知道我们的爱永远不比父母给我们的多。

人们常说，母爱无疆。再三迁居的孟母，刺"尽忠报国"的岳母，发起母亲节的贾维斯夫人等，都是闻名世界的伟大母亲，也许我们的妈妈没有这般创举，然而对于我们来说，妈妈却是我们的历史中最伟大的人物，"母亲"这个角色是人类历史长河最无私、最完美的存在。

有个孩子，他和妈妈相依为命。他的妈妈得了不治之症，她一直犹豫着要不要告诉自己的孩子自己命不久矣。这个孩子和其他孩子有点不同，因为他小时候发烧烧坏了，他的智商一直像一个十岁的小孩子，尽管他已经是一个二十多岁的青年，然而他几乎没有自理能力，一切完全依靠着他的母亲。

就在这位妈妈知道了自己的病情后，她开始去培养这个孩子的生活能力。她让他学习怎样自己一个人买菜，怎样做饭，怎样洗衣服等生活琐事。对于一个二十多岁的青年来说，这些并不是难事，而对于一个常年依靠着母亲并且智商只停留在十岁水平的人来说，这些很难。

刚开始，男孩很反感这些学习，因为他觉得很难，很多事情他怎么做也做不好。他会忘记回家的路，他的米饭总会不熟，尤其是妈妈也不像曾经那样温柔地教他了，有很多次妈妈会骂他、气他。他却不知道，在骂他以后，母亲总是一个人悄悄地流泪，怪自己狠心，可是还要劝自己不能心软，因为她若是可怜孩子，等到她离开以后，孩子便无法独自一个人生活。

她甚至帮男孩找到了工作，让他去扫大街，让他能有自己的收入。母亲感到自己的病情在恶化，她总是告诉自己的孩子，一个人不要害怕，一个人要怎样保护自己。男孩好像察觉了什么，他问她："妈妈，你要去哪里么？我不想一个人，我想跟妈妈在一起，你哪里都别去，好不好？"他的妈妈忍住泪水告诉他："我哪里都不去，妈妈只是想让你多学点东西。你学会了这些，妈妈像平时去上班的时候，你就可以做饭等妈妈回来吃，不用先饿着肚子，你知道怎么回家、怎么出门，就可以来看看妈妈。"男孩很开心，但仍是有笑有泪地慢慢去适应这一切。

分别的日子终于来临了，母亲很是悲伤，可是令她欣慰的是，孩子终于慢慢学会了独立。她能走得安心，伴随她死去的不仅是舍不得，还有一些宽慰。她觉得这已经足够了。

总说母爱如水，母爱像水般温柔，点点滋润着每个儿女的心田，母亲对孩子的爱无私又纯洁，每个母亲的爱都是那么伟大动人，不分贵贱。

"母爱如水，父爱如山"这话以前我并不理解。但当我慢慢长大以后，我才感觉到父亲的爱那么深重而又沉默，就像大山一样，让你依靠，高大深沉却又坚定无比。

那一年我20岁，生了一场病，在医院里住了很长一段时间。因为临近过年，我想回家和家人一起过春节，父母尊重了我的意愿，和医院商量之后便把我带回家里。

因为生病的关系，我的右脚不能动弹，行动很是不方便。来到家门口，父亲只能将我从车里抱出来，并把我抱到五楼的我们的家。当父亲抱着我，走到二楼的时候，被他抱在胸前的我听着他频率很快的呼吸，很是担心。我对他说："爸爸，我是不是很重，你放我下来吧，我尝试自己走上去。"父亲笑一笑说："没事，你看看爸爸一点都不累。我们接着爬楼。"当他说完这句话，我的眼泪便悄悄流了下来。

当我还小的时候，父亲总是抱着我去游乐场、去公园、去看海豚，那时候我还小，只是现在的体重几分之一，那时候我的父亲抱着我毫不费力。然而，我现在已是一个青年，当父亲抱着我的时候我变得更重了，而他的鬓角都有了几丝白发，我发现自己竟然从来没有注意过他的白发。抱着我的双手还有点微微颤抖，脸颊两侧汗珠沁出，呼吸有点急促，我知道，当时我的父亲很累。可是为了我，他好像不知道累，其实我想他不是不知道累，可是他却不说累。父母就是这样的，在他们自己很累很辛苦的时候，他们的心里总是想着我们。

我一直都忘不了我的父亲抱着长大成人的我走上五楼的那一天，就像朱自清在《背影》里描写的他的父亲笨拙的身体翻过栏杆去给他买橘子的背影。我的父亲他微抖的双手，他的汗珠，他的白发，他那个故作轻松来宽慰我的笑容，总像某些电影的片段，一直印刻在我的心头，永远铭记。

父母对于孩子的爱，不求回报。一个对父母怀着感恩之心的人总不会太坏。靠着父母的庇护，我们才能长大，每个人最初得到的幸福便是父母的给予，父母给予我们生命，给予我们爱，教会我们一步步走向我们想去的世界。如果说我们的第一声感谢要给谁，那答案一定是我们的爸爸妈妈。

　　感恩我们的父母。爱我们的父母就像他们爱我们一样，前路漫漫，因为父母的爱，黑夜也有光亮。怀揣感恩，幸福会一直伴在我们左右。

最是那一句"谢谢"的动人

在一家国际企业里，正进行着一场重要的面试，很多人来报名参加。这家企业在国际上享有盛誉，不仅因为薪资优厚，更因为企业每年都会安排员工去国外学习先进技术。来到这家企业得到的不仅是工作经验，还有丰富的学习经验，这对每个求职的人来说都是一个发展自己、提高自己的好机会。

来面试的人很多，但是这次招聘只要两个人，每个人都有点紧张。大家都在面试的办公室外等候。大家在等候的时候小声地攀谈起来，原来很多人都是名牌大学毕业的，有的人是从别人看起来很不错的公司辞职的。越是交谈，大家就觉得这次竞争的确很激烈，但都对自己信心满满，认为自己是最适合这个岗位的人。

离面试还差五分钟的时候，从面试办公室走出来一名员工。他拍拍手以引起求职者们的注意，等大家看着他时，他说："不好意思，各位，因为一些特殊情况，面试时间推后半个小时，请大家耐心等待。"说完这句话就转身径直走进办公室。等候厅一下子呈现出不同的情形，有的人默不作声回到位子，有的人开始小声抱怨这家企业真是不守时，有的人满脸烦躁……这时，一个40多岁的中年妇女端着个茶盘走进等候厅，她一身朴素的衣服一看就应该是在这里做打扫或者做杂事的员工，茶盘里放着十多杯茶水。她走进等候厅把茶盘放在沙发围着的桌子上，然后对求职者们说："大家别急，先喝点水。"几乎每个人对这个端茶的女人都没有回应，他们有的忙着抱怨，有的自顾自地看自己准备的资料，只有一个青年说了声："好的，谢谢大姐。"连他自己都没有想到，这么一个小小行为却给他带来了一次机会。

端茶的大姐离开后没多久，刚才的那个员工又从面试办公室走出来，他笑着向大家宣布了一件事，他说在面试开始之前，他们决定录用刚才那个对端茶的大姐说了句"谢谢"的青年，大家一头雾水，这个人便解释道："其实刚刚端茶的时候，我们做了一次小小的测试，你们当中的很多人当时都只忙着关心自己，而对一个给予你们服务的人却视而不见。

我们很看重感恩，因为不管是上司还是下属，在合作中每个人都应对对方付出的努力表示感谢，毕竟没有哪个人为你做什么事都是理所当然、天经地义的。也许很多时候你们会认为这个端茶的人为你们端茶那是因为她拿着工资，这是她分内的事情，可是正是因为很多人都这么想，说谢谢的这位青年能够尊重别人的劳动，感恩别人的服务，这样的品质更显得难能可贵。

你们的简历我们都看过，你们每个人的学历和能力都很不错，然而我们挑选一个人，着重看他如何'做人'胜过如何'做事'。好了，现在面试开始，刚刚那位青年，你下个星期可以直接来公司报到了。"

就像上面故事里那位面试官所说，我们很多时候都会忽视给予我们服务的人，我们感恩父母的爱，感恩朋友的关心，感恩老师的教导，感恩陌生人的拾金不昧，可是我们却常常忘记感谢在饭店里给你上菜的服务员，在冷饮店给你点餐的小伙儿，飞机上给你送餐的空乘……

据统计，在中国，将近有过半数的人承认不会在公共场所对提供服务的人道谢。有一个在餐馆开门的服务员说，有时候工作一天下来开无数次门，只会有寥寥无几的顾客说一声"谢谢"或者微笑点头，"每当别人对我们道谢时，内心无比温暖"。

其实，对于很多从事服务行业的人来说，我们的道谢不仅是对别人职业的一种尊重，更是一种对别人的感恩，我想，一句满怀感激的"谢谢"比任何小费都能够温暖一个人的心。

"谢谢"很动人，"谢谢"很美好，"谢谢"很温暖，"谢谢"很友善。换个角度，若你是个服务员，你微笑着为顾客服务，然而顾客一脸冷漠，你的心情一定不会太好，而作为被服务的顾客，他错过的是一个温暖的微笑，丢失的是一种感恩别人为他服务的愉悦。

生活中有太多事情、太多美好值得我们怀着一颗感恩的心去对待，不只是身边的人值得我们去感激，就连陌生人也值得我们感激。

当你一句衷心的感谢，会给别人带来肯定和尊重，正如常言道："予人玫瑰，手有余香。"若是在生活中我们多说几句"谢谢"，你会发现这句"谢谢"的动人，能滋润着被道谢人的心，而你自己将会更多地感受生活中的幸福感。

一句"谢谢"彰显的是一个人的感恩之心，是一个人对生活的友好表示，是一个人的优良素质的体现。

网上曾经有人说，有个八岁的小女孩在餐厅吃饭时，对向服务员道谢的爸爸说："爸爸，我们不用跟他们说谢谢，因为那是他们应该做的。"面对这样的懵懂，真是让人哭笑不得。

虽然俗话说，顾客是上帝，可是就算是上帝与人之间也应该存在着感恩和尊重。虽然服务是他们应该做的，可是每份工作不是都应该被尊重吗？正因为很多人都认为这些服务是理所当然的，这一句"谢谢"才更加动人和温馨。没有扫大街的阿姨，我们的街道怎么会干净，没有那些园丁，城市怎么会美丽，我们要感谢每个人的付出，尊重每个人的劳动。

当你说着"谢谢"的时候不但是给别人送去一朵可爱的花朵，也是给自己的灵魂留下一缕芬芳。

最是那一句"谢谢"，显得尤为动人和难得。

宽容，另一种感恩

宽容，就是忘记别人的错误，就是去原谅别人犯下的错误。宽容别人也就是宽容自己，有时候宽容也是感恩别人的好，忘却别人的坏。

两个好朋友一起去海边和森林旅行，海边和森林一直是他们两人最向往的地方。等一切准备好，两人就出发了。来到海边，看着广阔的大海，他们觉得有对方在让旅途更加愉快了。不管来到海边的路途多艰辛，他们也要一起完成梦想，现在他们做到了。他们准备离开海滩，前往下一个目的地——森林。

可是两个人迷路了，一个人说应该往东走，另一人认为应该往西走，他们互不相让。两个人都觉得对方太过固执，两个人一冲动便打了起来。其中一个人对另外一个人大声嚷起来："你这个蠢货，跟你一起旅行就是我最大的错！"这句话实实在在地让被骂的人心里难受极了，他对着望不到边的海洋，大喊了一声："我的朋友说，和我旅行是最大的错！"声音很大，但是一下子就被打在礁石上的浪花的声响淹没了。骂人的那个人一下子感到十分愧疚，他意识到自己的错误，便向自己的朋友道了歉，检讨自己说话太过分。对着大海呼喊的那个人，搂住朋友，这样他们算是和解了。之后二人又接着后面的旅程。

第二个目的地到了。在森林里，两个人有说有笑，全然忘记了之前的不愉快。突然，那个被骂的人一下摔倒了，骂他的人不顾自己的手被树枝刮伤，拉住朋友的手，艰难地把他从泥坡上拉上来。两个人都吓得不轻，幸好都无重伤。那个被救的人对朋友充满了感激，在歇脚的地方被救的人拿出自己的旅行日记，在里面写下了朋友救他的事。

救他的人不解地看着他，问他写什么呢，他说他要记下今天的事情。朋友不解地问："当我说话伤害了你，你对着大海说我骂了你，刚刚我救了你，你却在日记本上写下这件事情，你能告诉我，这是为什么吗？"他告诉他的朋友："我只是为了提醒自己一些事情，当有人做了对不起我或者伤害我的事情时，我就把这些记忆留在一个最留不住痕迹的地方，我对着大海说，大海不会记得我的伤心，我那些话和坏情绪会被海风和海浪带走。而当别人对我好、帮助我、对我施与恩惠时，我便把这美好的一切留在不容易流失的地方——记在我的日记中，以后我翻看起来，都是满满的你对我的好，时时刻刻提醒着我去感恩这一切。"

两个朋友结束了海边和森林的旅程，更加发现朋友之间的情谊是何等珍贵，发现在生活中，人与人之间的相处比起计较抱怨，更多的是要感恩宽容。

感恩别人的好，会让你发现生活阳光灿烂的一面，如果一味地去计较对方的错误，那体会到的也许只有痛苦。当你在计较别人的错误时，快乐已经从身边溜走。人无完人，每个人都会犯错。

如果当我们犯错时，我们的朋友便否定了我们曾经对他的付出和对他的好，这不是很令人伤心吗？当身边的人做了伤害你的事情时，要记得曾经他对你的好，用感恩的心来化解你的愤怒，然后学着去原谅、去宽容。

宽容，是另外一种感恩，是把感激的心态放在计较之前，在面临伤害的时候多想起别人的好，而不是指责别人的错。

在幼儿园，一个小女孩不见了，幼儿园的老师急坏了，到处找也找不到。临近幼儿园放学时，玩具室里传来一阵哭声，老师跑过去一看，原来是那个丢失的小女孩，在下午玩玩具时在玩具室里睡着了。她正好睡在了一个死角所以没被看到。老师们都以为她丢了。等她醒过来发现玩具室就自己一个人时，便哇哇大哭起来。正是因为她的哭声，老师才发现原来她在玩具室。

放学后，小女孩的妈妈来到幼儿园。小女孩扑进妈妈的怀里，哭着对妈妈说自己被关在玩具室里，一个小朋友也没有，十分害怕。

幼儿园的老师认真跟家长讲了一遍事情经过，向小女孩的妈妈一再地道歉。老师以为这个家长一定要埋怨她们一顿，都已经做好了心理准备。谁料到小女孩的妈妈帮小女孩擦干眼泪，对她说："快去抱抱老师，去谢谢老师焦急地找你。刚刚你丢了，老师和你一样也吓坏了，害怕极了。你过去抱抱老师，告诉她没事了。"小女孩跑过去搂着蹲下来的老师的脖子，说道："谢谢老师，没事了。"幼儿园的老师顿时热泪盈眶，不仅为孩子天真的安慰，孩子妈妈的理解和原谅，更为一个父母教会了孩子去感恩别人的付出，去包容别人的错误，这些将成为这个孩子一生的宝藏。一个感恩而又包容的人，在生活中也会同样得到身边人的尊重、感恩和包容。

责备一个犯错的人很容易，就像当一个人对我们不好，想要伤害我们的时候，我们想起他的缺点是非常正常的。正因为如此，当身边的人犯错时我们能想到他的好，能用感恩的心去化解才显得难能可贵，这些很少有人能够做到。包容并不是不生气，不是去磨平自己的所有的脾气，而是去学着理解、体谅。

宽容不只是要有一颗感恩的心，它还需要理解，需要广阔的胸怀。一颗感恩的心可以让我们更懂得原谅和包容。

传递中的感恩

爱可以感染一个又一个的人，让他们去相信爱。因为一次又一次的分享，感恩也可以被传递，连绵不绝；感激之情也能被无限扩大，给予更多人正能量。

在一个城市的街头有三个女孩，她们天天在一个拐角处自弹自唱，组成了一个小小的乐队。三个女孩分别是婷、雨和媛。走过这条街的人都会先听到歌声，而后看到她们的表演，最后发现竟是三个十八岁的女孩。她们的表演场地设施简陋，音响设备的音质更不用提了，可是三个人却唱得如痴如醉，虽然和大牌的歌唱家无法相比，却算得上这个城市一道亮丽的风景线。

与其他自弹自唱的街头艺人不同，在她们这支小小乐队的表演舞台前面有个独特的牌子，牌子上写着一些文字配着一些图片，那是关于一个五岁男孩的家庭状况和病情介绍的海报。原来，女孩们的演出是为了给这个生病的男孩募集治病的钱。大家都在猜测这个男孩和她们三个是什么关系，是不是她们其中某个女孩的弟弟呢？为了给弟弟治病才一起出来表演，进行募捐。

因为她们在街边的表演，这个家里没有办法支付医疗费的男孩的事情被一些人所知道和了解。慢慢地有人开始联系男孩的父亲，想提供一些帮助。人们问三个女孩和这个男孩是什么关系，女孩婷说："其实，我们跟他没有任何关系，只是在一个偶然的机会知道了这件事，我们没有能力给他资助，只有让更多的人知道他的事情，我们也是抱着试试看的心态，希望能够帮助到他。"她们的演出的确帮助了男孩，人们口耳相传，更多的人和一些机构也知识了这件事情，并筹到了一些善款，足够给小男孩做手术。

一个小男孩的健康为什么让三个女孩如此关心呢？原来三个女孩把帮助别人当成她们一个小小的梦想。她们之中，女孩婷是因为家境贫困，本来要放弃考上的大学，却得到了社会上好心人的资助使她完成学业，她甚至不知道是谁给了她读书的机会。

另一个女孩雨则是因为社会好心人的捐款，她妈妈的病才被治好。婷和雨心里十分感激她们曾经得到过的帮助和恩惠，决定用自己的方式去帮助其他一样需要帮助的人。剩下的一个女孩婌是因为受婷和雨的影响，决定要和她们一起，把自己的青春与助人为乐的梦想绑在一起，不为别的，只为把一份感恩传递下去。

两个女孩感恩着她们曾经得到的爱心帮助，那些她们不知名的好心人给她们带来希望，使她们走出了生活的困境，让她们敢去想象有一天梦想可以实现，而一个女孩被这种知恩图报的精神感召着，才有了这样一个小小的爱心乐队。

我们都无法独自地生活在这个世界，在这个社会里，我们需要相助，别人也需要我们的帮扶。因为感恩，每个人之间的距离被拉得更近了。

当这个小男孩得知原来自己病愈与这三个姐姐的努力分不开时，他在心里暗暗下了决心，等他长大后，他也要做一个热心人，去帮助那些需要帮助的人。他感激那些救他命的人，感激这个世界的美好。他明白，给予他救助的人不带着功利目的，而他也要把感恩变成行动，去帮助别人。

这三个女孩不仅成了救助小男孩的桥梁，更把感恩的种子撒在了他的心里，就像以前在她们心里播种过爱与感恩的所有人做的那样。这不停地蔓延着的感恩，变成了她们青春里最有色彩的部分。

人和人之间本就该互相关爱，和我们的同学，和我们的朋友，甚至和那些我们不认识的人，有时候帮助我们的正是那些和我们没有交集的人。在街上扶着盲人过马路的青年和盲人老太太不一定是母子关系，一个男孩追偷了女孩包包的小偷和被偷的女孩不一定是恋人关系，把你掉落的物品还给你的人也不一定是你的朋友，或许，他们都只是陌生人。

可是当我们接受了帮助，我们感谢这些人，在下次其他人渴望帮助时，我们便把这份感恩传递下去。"幸好有你""真是多亏了你""如果没有你，真不知道怎么办"，很多时候这句话便是我们对一个帮助我们的陌生人说的，我们道谢完，然后就怀着感恩的心情把这种关爱继续下去，把感恩种进更多人的心里。

小雏菊和蒲公英同在阳光下晒太阳，小雏菊觉得自己的样子和现在的蒲公英很像，此时的蒲公英还是一朵小黄花，这样的蒲公英，小雏菊觉得它很可爱。可是小雏菊问蒲公英："为什么你不保持小黄花的样子，要变成小绒球，最后乘着风飘散到各处？"蒲公英笑着说："因为，虽然最后我的颜色并不艳丽，可是我的种子飘落天涯，人们能看到那么多的蒲公英，也许便会想起一些关于他们的记忆，传递就是我存在的意义。"因为延续，蒲公英的美不只是夏天里那朵小黄花的样子，蒲公英在风中的飘散，令我们不仅记得小黄花可爱的颜色，也记得这个传递的过程。

如同蒲公英一样，爱和希望、快乐，都是那么容易被传递，我们心里的感恩也如蒲公英一般，不停地延续下去，传递下去，让遍地都有小黄花鲜艳的色彩，那是感恩的美丽。谢谢那些曾经伸出援助之手的人，把感恩的种子撒在被帮助的人心里，它没有玫瑰那样娇艳欲滴，但是它却温暖，让这些感恩的种子随着行动的微风飘进更多人的心里，去传递这温暖的小花——感恩，它将使我们的青春岁月拥有更多灿烂的记忆。

另一扇窗——希望

今天的一切会成为回忆，明天的太阳会照常升起，只要日出东方，希望就会永存。

艾伯特是个酷爱足球的少年，他觉得他的生命不能缺少足球这项运动。艾伯特每个星期都要和朋友们踢上一场球赛，这样他才会觉得这个星期没有白过。他的球技也在他每周的练习中越来越好。

艾伯特的梦想是以后参加世界杯比赛，和世界最优秀的球员们驰骋在绿茵场上，就在他憧憬着自己的梦想并感到世界满是希望的时候，灾难正慢慢向他靠近。没有多久，他的梦想成了不可能实现的梦，在一次车祸中，他失去了一条腿。

艾伯特无法面对这个事实，他觉得天都塌下来了，世界就是一片灰暗。他终日待在家里，不肯外出，他不愿意拄拐杖，也不愿意坐轮椅，因为他不想自己被看作残疾人，他从内心抵触这个事实。可是他终究不可能逃避失去腿的现实给他生活带来的不便，只能接受拄着拐杖练习一只腿行走，他特别卖力，就想让自己和正常人一样。慢慢地，他发现自己的腿还很有力量，这全都归功于曾经对足球的热爱。

有一天，艾伯特出门去公园散步，在公园中被一个残疾人足球教练看见了。这个教练看着艾伯特健硕的身体，觉得艾伯特很有足球天赋和资质，便邀请艾伯特加入他的队伍。艾伯特非常犹豫，艾伯特说："我想我不能参加你的队伍，虽然以前我很热爱足球，可是我现在只有一条腿，我不会是一个好球员。"教练对他说："不，我们球队里的人都和你一样只有一只腿，他们也曾绝望过，抱怨过，尽管如此，生活还要继续，梦想也可以继续，生活到处都是希望，太阳会升起来，噩梦总会过去，和我们一起去绿茵场拥抱新生活吧。"艾伯特从来没想过，在他以为世界已经全部黑暗的时候，仍有曙光照了进来。

艾伯特加入了球队，他和那些仍有梦想的人一起练球，一起参加比赛，并且还赢得了第一。

当我们以为生活走入绝境的时候，往往不是我们感受到的那样，没有绝对的绝望，只有永远的希望。有一句话是这么说的："当上帝给你关上一扇门的时候，他会为你打开另一扇窗。"天无绝人之路，若是心中没有希望，面对着再精彩的人生，我们也尝不出任何滋味，若是心中没有希望，一句话也许都会成为毁灭我们的理由。

潘多拉的盒子里跑出了灾难，可是盒底却有唯一美好的东西，那就是希望。对于所有可怕的事物来说，不管是挫折还是失败，希望都是让我们从泥潭里挣脱出来的力量。所有看似没有希望的绝境，其实都暗藏着希望。我们以为被关上的那扇门决定了我们的一切，但却忽略了一扇窗。

风雨之后是晴天，寒冷的冬天之后是万物复苏的春天，花朵凋落却结出果实，自然界的一切不都是昭示着万物背后暗藏的希望吗？就像黑夜总会迎来黎明，第二天太阳照样照耀大地，只要我们充满希望，就没什么过不去的难关。

生活总不会按着我们的意愿来进行，可正因为如此，生活才格外令人期待，因为你不知道会发生什么。但是生活不只会给我们带来惊喜，也会给我们带来挫折，心里的希望便是当我们遇到挫折时保证我们走出困境的动力。

有几个生活不如意的人，他们相约一起去自杀，因为他们觉得他们的生活已经没有任何希望了，没有活下去的意义。在他们相约去一个地方一起结束生命的途中，他们遇到了一位和尚。

他们问和尚最近的悬崖在哪里，和尚回答他们说："最近的悬崖还要走两个小时，请问你们要去干什么呢？"问路的人回答："我们几个觉得活着太累了，也没什么活下去的希望，我们想要一起去结束生命。"和尚好奇地问："你们都是因为什么原因呢？"一个人回答："我一直想成为画家，可是我发现我色弱。我不能准确辨别颜色，我的梦想再也不能实现了。"和尚笑着说："不，不，不，你不是还有手么，有手握住画笔不是就能画吗？色彩不是你的障碍，其实你富有艺术细胞，你还可以做一个不需要色彩的雕刻家。只要你想，随时可以开始。"另一个人回答："我喜欢写作，可是在车祸中我的双手没了，我如何拿笔写字，记录我脑中跳跃的文字？没有写作，我就像没有了灵魂一样，不如死去。"和尚笑了笑："你没有失去你的脑袋，你就不会失去你的思想，你看，他们不是可以帮你记录你的想法和文字吗？并且你可以做一名演说家，把你的思想告诉大家。"最后一个人说："我是名篮球运动员，篮球就是我的生命，如今我连双腿都没有了，篮球陪伴了我二十多年，现在我不能打篮球了，我与篮球从此绝交了。"和尚告诉他："你打过这么多年的篮球，你丰富的经验可以去当教练，其实也许这是命运的另外一种安排，让你把你所会的教给其他人，这是如此重要，你怎么能寻死呢？"

三个人听完和尚的话恍然大悟。原来生活一直为他们开着一扇窗，只是他们沉浸在失去的痛苦中，双眼只看着黑夜，忘了看看生活给他们留下的光芒。三个人决定回去重新开始自己的新生活，开始追逐新的梦想。

上帝对我们每个人都是公平的，让我们每个人都存在着一些缺陷，也会让我们的人生并不那么顺利，让我们在挫折中成长，然而上帝却给了每个人希望，在你以为一无所有的时候，至少我们还拥有生命。生活本身就是上帝给我们的希望之一，生活在不断继续，希望就会一直存在。希望是我们心中的太阳，不管经历怎样的风雨，只要有太阳，就可以克服一切困难。

　　失望、沮丧并不可怕，可怕的是因为挫折和失败而丢失了希望。当我们失去双腿时，应该想想还有我们能看见蓝天绿树的眼睛；当我们失去双眼时，应该想想还有我们能听到鸟鸣风吹的耳朵；当我们失去朋友的时候，应该想想还有我们仍然深爱的亲人。当我们失去成功和荣誉的时候，应该想想前方的路还在继续，一切皆有可能……

　　生活到处都有希望，如果一扇门被关上了，随时还有一扇窗在为我们敞开，清风会吹进我们的世界，让阳光照进来温暖我们。

活下去的勇气

希望是生命的灵魂，心中没有希望，我们就如同行尸走肉，有时候希望是我们在绝境中生存下去的勇气。

两个人相约一起去登雪山，这是他们长久以来的愿望，他们攀登过数不清的山峰，那种爬到顶端的成就感驱使他们一次又一次地冒险攀登。

这次他们要登的雪山异常危险，随时都会有暴风雪和雪崩发生，这让很多人对这座山望而却步。正是这样的艰难，激起了这两个人的征服欲望。

当他们攀登雪山的时候，才真正领略到传说中的艰难。他们刚攀登没多久就遇上了暴风雪，为了尽快找个地方躲避暴风雪，他们加快了攀登的速度。然而祸不单行，其中一个攀登者被山上滑落的石块砸中，手臂受伤了。他们只进行了简单的包扎，就继续赶路。

终于找到一个可供休息的山洞，受伤的攀登者伤势已经十分严重，他的伤口开始感染，开始出现短暂的昏迷。那个没有受伤的人决定去山下找救援人，不然他的朋友性命难保。他告诉受伤的攀登者："我亲爱的朋友，你在这里等我，我去找人来救你，我一定会在天黑之前回来。你等着我。你只要看到洞口有光，就证明天还亮着，我就会回来救你。"受伤的攀登者点点头，另外一个攀登者就出发下山了。

受伤的攀登者看着洞外，还是白天，他就提醒自己坚持住，只要天亮着就证明还没有过完一天，他的朋友一定会在天黑之前回来救他。有几次，他感觉自己快支撑不住了，他就看看洞口的光，心想时间没有过多久，并没有天黑，这么几个小时，他一定能够支撑得住。

下山去寻求救援的攀登者终于回来了，受伤的攀登者一颗焦急的心终于放下，他问救援者，过了多久了，救援者告诉他："现在已经过了三天两夜了，你能撑到现在真是个奇迹。"受伤的攀登者惊奇地说："我看到洞口一直都有光，我一直以为是白天。"救援者告诉受伤的攀登者，那是他故意弄的，他把一盏煤油灯放在了外面，灯光在雪的映照下变得更亮，一直让受伤的同伴看到光亮认为天没有黑过，以为时间不过是过了几个小时。

受伤的攀登者握着朋友的手，感动得流下眼泪，他说："若是没有那点光亮，我早就放弃了，当我看着那光亮，我就认为时间没有过多久，我相信你一定会回来救我。”

正是那点光亮让受伤的人忍受着身体上的痛苦，活了下来。那点光亮不只是让他相信时间过得缓慢，更是他生存下去的希望，因为他坚信只要天不黑，他的朋友就会回来救他。精神上的力量鼓励着他不放弃。若是他看着光亮一点点消失，那么他求生的愿望便会慢慢减弱，最后等待他的只有死亡，所以他的朋友让他看这不灭的灯光，也给了他活下去的希望。

没有了希望，没有了期待，我们就容易意志消沉，尤其在关键时刻，意志消沉就意味着放弃了生命。然而，希望却可以重燃我们对生活的期待，一个个美好的期待支撑着我们，期望可以说是我们精神支柱中必不可少的一部分。青春岁月里如果没有希望，将会是一片荒芜，失去希望，生活就会变得毫无色彩。

据说，这个世界上最有力量的是植物的种子，它能把机械都分不开的骨骼完整地分开，就是因为它有想要生长的希望。种子想要看到阳光和蓝天的渴望，种子想要开花结果的期盼，成了种子最大的力量。

许许多多在最极端困境下让人活下来的是希望，是希望把我们的求生意识放大到最大，希望托起了生命的重量。

一个作家，她一直没有出版过什么作品，仅仅是在一些不起眼的杂志上发表过几篇文章。有一天，她因为不舒服，去医院进行了检查，谁知道竟检查出得了绝症，只剩下不到一年的时间。

作家很是沮丧，因为她的梦想都没来得及实现，她甚至想过马上就结束自己的生命。她的家人和朋友努力开导她，她便一边治疗一边决定用自己的文字记录下最后一年的生活和思想，因此她每天都坚持写作，记录自己每天的心情、所发生的事情。

偶然的一天，她的一个朋友来看望她，看到她正在写作，便拿过来看了看。她的朋友看得泪流满面，作家把面对生命的很多感觉、感悟写得真实而又感人，她的朋友在征得她同意后把书稿投给一家出版社。出版社看了之后，当即决定出版。

作家开心极了，为了等待书的出版，她努力地配合治疗，出书成了她最大的期盼，但是出书不是一天两天的事情，等到图书出版，距离她被发现得癌症已经过去了两年，作家并没有死，她看到了自己的书出版。自己的心愿完成了，可以安心地去死了。

这个时候，她的朋友告诉她，她的这本书被提名文学奖，她得去领奖。作家想要坚持活下去，能够亲手去领取奖杯。在等待的时间里，作家的病竟开始慢慢地好转，这次在死亡线上的挣扎让她冷静地看透了很多事情，写出的作品也格外真诚。她成了一位出色的作家。

是希望让这个作家的生命一点一点延长，是对自己的期待让她坚持活下去，如果没有那本书出版的希望，也许她早就消沉下去，对生命早已绝望了。但是希望重燃了她的求生欲望，她坚持着想要活下去。这时候她的精神意志打败了她的身体，或者可以说是希望救了她，延长了她的生命，使她重新拥抱生活。

希望，是活下去的勇气，是我们生命的灵魂，若是活在没有希望的世界，再娇美的花朵也会枯萎。一个坚毅的人能在面对任何困境之时选择活下去，不是他比别人更有承受力，而是他心怀希望。希望便是那灿烂骄阳，照耀着黑暗中的他，给他温暖，给他生命的指引。

让人失望的希望

大仲马曾经说过："把希望建筑在意欲和心愿上面的人们，二十次中有十九次都会失望。"有希望就会有失望，有期待就会有失落，若是我们的希望都只是一种安慰自己的空谈，那么紧随着希望而来的就是失望和沮丧。如果我们不朝着希望努力，那么这样的希望只是一个失落的陷阱而已。

一场台风，让一艘邮轮沉没在了海里，巨大的海浪吞噬了这艘船上无数人的生命，只有少数幸运儿在这次海难中活了下来，他们被海浪冲到不同的两个岛屿上面。不幸中的万幸是这两个小岛的附近都刚好有航线，不时会有轮船经过。这对于那些被冲到小岛上的幸存者来说，是个巨大的希望，他们有很大的可能被救，回到家人的身边。这两座岛的风向刚好与航线的方向相反，也就是说他们的呼救声不会被航线上经过的船只听到。

第一个岛屿上的人在呼救了几次之后发现了这个问题，于是他们就用了一个最原始的方式——钻木取火来求救，他们点燃了一堆篝火。经过的船只看见那个无人岛上飘出的缕缕青烟，再联想到前几天发生的海难就能猜测到这个岛上可能会有幸存者，于是便把船停靠在小岛附近。就这样第一个岛屿上的人得救了。而另外一个岛上的人，在几次呼救没有人来之后，渐渐地绝望了，他们想他们已经没有任何希望，被救回家是根本不可能的。他们之中没有一个人去想想其他的办法，就看着希望溜走，求生的欲望越来越弱，最终，他们永远地留在那个岛上。其实不是他们与希望错过，而是他们没有去靠近希望。

上帝给这两个岛上的人共同的希望，第一个岛上的人抓住了这个希望，并且没有让它溜走。而另外一个岛上的人也看到了希望，但是最终还是因为自己的原因，没能抓住希望，留在了小岛上。

当希望出现的时候，不是靠着希望让自己安心，而是要努力靠近这个希望，希望才真的有意义。并不是所有期待都会落入我们的怀中，但是若只空想一番，那么它注定是会落空的。当我们陷入困境，心中的希望会支撑着我们走出来，但希望不会主动来到我们的身旁。不管这个希望如何大，它都不会简单地握在手心。

希望可以让人在最失意的时候重新拾起生活的信心，希望可以让受挫的人重新站起来继续奔跑，希望可以让处在极端环境下的人激起生存的勇气，但希望这样强大的能量只能靠我们自己去获得，只有我们的心和行动统一起来，付出努力，有把那个希望

158

变成现实的决心，希望才能真正起到作用。

在一次歌唱比赛中，有一位选手实力超群，她叫卡洛琳。大家都十分看好她，大部分人已经认定她是最后的冠军了。的确，在众多的选手中，卡洛琳歌艺精湛，和其他选手比起来，她赢得冠军的希望相当大。

在总决赛的前一晚，卡洛琳的朋友已经帮她准备了一个派对提前庆祝比赛的胜利，而她的对手，也就是冠军最有利的竞争对手——艾伦，在这一晚却还在继续练习着，他依然像往常一样练声，虽然强度明显比之前小了很多。艾伦知道卡洛琳很可能是这场比赛的赢家，但是他仍然在努力争取着。当艾伦已经休息，为了能有个好睡眠的时候，卡洛琳却还在和朋友聚会。

决赛终于到了，最有希望获得冠军的选手卡洛琳却因为前一晚的通宵庆祝，没有好好准备和休息而在决赛中发挥失常，而艾伦却因为头一晚的训练和良好的状态在比赛中发挥得非常完美，最终获得了比赛的胜利。

希望给了人们最温暖的阳光，没有什么事物比黑暗中的光芒更让人觉得欣慰。朝着光走，我们才能走出这片黑暗，否则希望只是"望梅止渴"中那不现实的梅子，尝不到的梅子；只是"画饼充饥"中那个没有香味的画饼而已。

然而，我们如果只是看着希望，却不行动，那么这个希望又会成为失望，再一次打击我们的意志。有多少人总是说："这件事是有很大希望的""希望就在前方""只要有希望，我们就成功了。"等等，然而都只是这么说说、这么认为而已，却没有行动，等之后又发现原本很有希望的事情却没有实现，便开始觉得是世界欺骗了他们，希望都是假的，从此绝望沮丧，一蹶不振。

让我们失望的不是希望本身，不是我们心怀希望、心怀期待，而是我们的空谈空想、无作为，这些才是造成我们失望的最大原因。有话说，我们不要去期待，这样就不会难过，其实失落是因为我们没有去付出，我们觉得远处的希望是看得见摸不着的，但如果我们行动，就算最后没有成功，我们却得到了经验，得到了锻炼，就不会是一无所获的无望。

别让希望像天空中的月亮那样可望而不可即，行动起来去追我们心中的太阳，就像夸父追日那样，为了光芒，付出毕生的能量！

别让希望成为你的负担

希望是我们前进的动力，因为有希望，生活才有了光芒和继续的意义。不仅是我们自己心中的希望，我们还有别人对我们的期望，有时这些会是一种动力，使我们去奋斗、去努力，这些期望有时候也会变成我们的负担，使我们不能轻松地在梦想的路上驰骋。

山里面长着一棵树，猎人打猎的时候看见了。猎人想这是一棵什么树呢？如果是一棵苹果树就好了，这样在我进山打猎的时候，肚子饿了还可以摘个苹果充饥。要是一棵橘子树也不赖，这样我打猎的时候口渴了，就可以摘个橘子来解渴，猎人便打算好好照顾这棵他不知是什么品种的树。

猎人看到这棵树上面有虫子，就想第二天进山的时候带些农药，帮它治病。后来猎人用带来的农药帮助小树赶走了虫子，小树很感激他。以后猎人每次上山的时候，都会给小树浇浇水，除除草，驱驱虫。小树越发感谢猎人对它的照顾，可是小树心里面也很内疚，因为它并不是一棵果树，它是一棵桂花树，它没办法长出可口的果子给猎人吃。时间一久，这件事情压在小树的心里，让小树看起来无精打采的，猎人很着急，可是他也没办法。

一天，土地公公路过，看见了垂头丧气的小树，就问它怎么了。小树把事情的前因后果说了出来，土地公公笑道："你不是果树，所以你结不出果子并不是你的错，只是猎人以为你是一棵果树，但是作为一棵桂花树的你，可以帮他遮荫，桂花的香气也可以驱散猎人的疲劳啊。"小树听了，恍然大悟，它只想到了自己无法变成猎人想要的样子，却忘记了本身的样子。作为一棵桂花树的它，仍有着很多很多可以报答猎人的方式。

于是桂花树又开始努力地成长。秋天到了，它开了满树的桂花，猎人看到惊喜极了，虽然它没能长出什么果子来，但是闻到它的香气，一天的疲惫都消散了，猎人对桂花树更爱护有加。

别人加在我们身上的希望，其实是一种对我们的信任，我们把这种信任当作正能量，可是当这种希望我们无法完成的时候，难道我们就得郁闷沮丧吗？其实，这种希望更多地来自于一颗温柔的心，是一种善意，也许这种善意过了头，反倒成了我们心里的负担，但是我们却应更多地去理解这种善意，而不是把它当成一种负担。

我们希望家里栽种的茉莉有七种颜色，但是茉莉只有白色，纯洁清香的花朵仍能让我们愉悦；我们希望云朵变幻成我们想要的形状，但是云朵只听风的呼唤，飘逸新奇的白云仍能让我们惊喜；我们希望海水不要发出骇人的咆哮，但是拍岸的浪花只为月亮歌唱，那深不见底的蔚蓝仍能让我们沉醉……

不是所有的一切只因为是我们希望的样子才令人愉快，也许我们那个没有达到期望的自我会是另一番值得珍视的美景。桂花树没有结出照料它的猎人希望的可口果实，却给了猎人一树芬芳，桂花树把自己最宝贵的馨香赠予了猎人。

有时候别人对我们的希望固然是美好的，可是也许这样的期望并不适合我们，就像我们希望鱼儿学会飞翔，花朵不会凋谢，春天不会过去，这些希望都是美好的，可是鱼儿只能在水中，花朵始终会凋零，冬天仍然会来，鱼儿、花朵和春天都无法做到我们对它们产生的并不适合的希望。也许我们会觉得很遗憾，但是我们更能明白不是所有希望都会成真，我们对外界的希望是这样，他人对我们的期待也是如此。

村里面有一个老木匠，木工活做得特别好，他只有一个独生子，他最大的希望就是可以把引以为豪的本领教给他的儿子。因此，他的儿子在很小的时候就开始学着使用工具，在他为别人做家具时他也会让儿子在一旁看着。可是他儿子越长大越发现，他成不了一个好木匠，反倒是很喜欢雕刻，他做的木雕十分精美，他想成为一个雕刻家，但是他又不敢跟爸爸说出他的理想，他觉得爸爸一定会对他的理想嗤之以鼻，所以他连那些雕刻作品都没有给爸爸看过。这个梦想被他深藏在心底，而他爸爸对他的希望也像一块大石头一样压在他的心上。

一天，小伙子又在村旁的池塘边做木雕，他雕刻得太入迷了，以至于身后站着一个人他都没有发现。当他刻完最后一下时，身后的人开口说道："小伙子，你雕刻的技术真的很好，你愿意拜我为师跟我学习雕刻吗？"原来站在他身后看他雕刻的人是一位出名的雕刻家，小伙子听了他的话之后眼前一亮，但只是一瞬间，他的眼神黯淡了下来，他对雕刻家说："很抱歉，我不能成为你的徒弟，虽然我很喜欢雕刻，也很希望成为一个像您一样的雕刻家，可是我爸爸却希望我成为一个木匠，我没办法跟你学习。"这个雕刻家跟小伙子聊了一会，听小伙子讲他爸爸的事情，雕刻家对他说："每个父母都希望孩子成为快乐的人，你都没有对你父亲说过你心里的真实想法，又怎么知道他不会同意呢。要不这样，你回去对你父亲说出你的想法，明天的这个时候我还在这里等你，如果他赞同你的想法，那么你就来找我，拜我为师。"小伙子同意了雕刻家的话，回家后拿着他以前的雕刻作品找到了父亲，对父亲说出了他心里的想法。父亲看到了他的作品后，大为惊讶，他从来没想到他的儿子可以做出如此精美的雕刻，他对儿子说："其实我最大的希望就是你可以幸福的生活，无论你是一名木匠，还是一名雕刻家，都是我最爱的儿子，所以你就放心地去追逐你的梦想吧。"

父母之恩报答的最好方式就是不辜负他们的希望，让他们的期待不落空。然而，当我们去为之努力时，也许就放弃了我们的梦想，也许我们使尽全身力气，却没有办法满足他们的期望，这时，我们只有悲伤郁闷，恨自己的力不从心。

　　别人的希望始终是他人的，即使再美好，我们也需要看看那是不是我们所向往的，善意不是为了勉强别人服从自己的期许，而一个真正爱我们的人，最希望我们能去实现自己的梦想和愿望。就像父母对我们有很多的期待，然而他们最期待的是我们努力认真的生活态度，去做自己想做的事，也许那不一定符合他们的希望，可是，那是你想去的地方，他们必会全力支持。

一个希望的重量

生活处处都有希望，有时候我们便是希望的来源，我们的一个眼神，一个动作，一个话语，或许都会给别人小小的希望。

给予爱也是给予希望，也许一个不经意间，我们就带给别人以生活的希望。予人玫瑰，手有余香。当我们把生活的希望之花送给他人时，我们的手中也会留下芬芳。

有个小男孩生病了，很严重，但并不是不治之症，跟他在一个病房中的病友是一个老人。刚住到医院的时候，小男孩很绝望，他觉得他可能永远都走不出医院了，每天都很悲观，不配合医生治疗。

有一天，这个老人对小男孩说："嘿，小伙子，想聊聊天吗？"小男孩没有理他，于是这个老人就自顾自地在一边讲故事，讲他年轻时在世界各地的见闻，吃过的不同国家的美食，渐渐的，小男孩被老人讲的内容吸引了。从谈话中了解到，老人是个旅行家，他的足迹遍布了世界的很多地方。小男孩也希望成为像老人一样的人，于是他积极配合治疗，就在他快要痊愈的时候，老人却病重了。在老人即将离开人世的时候，交给男孩一个信封，对他说："这里面有一个地址，是我留给你的财富，等你病好出院的那一天，你才可以把他们取出来。"小男孩答应了老人。老人最终还是去世了。

没过多久，小男孩病愈出院了，他按照地址去找老人留给他的财富。找到之后，发现只有一箱书和一盘录像带。这盘录像带是老人要去世的时候录给小男孩的。录像里老人对小男孩说："很抱歉，我骗了你，我并不是什么旅行家，之前对你说的那些所见所闻，其实都是我在书里看到的。我只是一名地理教师，我之所以会对你说那些话，是因为我看见你自暴自弃的态度感到心痛，你还那么年轻，还有很多美好的生活去等着你享受，你应该努力地活下去，这箱子书，是我这辈子全部的财富。最后，请记得住一句话，无论怎样都不要放弃希望。"小男孩感动得热泪盈眶。

后来小男孩长大之后，成了一位慈善家。他一生中，都在做一件事，就是在人绝望的时候给人以希望。

当我们试图想要给予别人希望和期待的时候，这种美好的心意，本身也就是赠予了别人希望，给他人带去了生活的信心。我们的能力总是有限，或许我们不能给予别人解决所有问题的答案，不能提供所有他想要的帮助，但是，我们可以用我们的方式，去给在困境中的人希望和关怀。

当很多大灾害发生的时候，人惊魂未定，人们送去物资和捐款表示慰问，让受灾的人感到他们的悲伤和恐惧仍然有人在关心。希望对于那些处于困境的人是多么重要，我们的关心、问候，也许就可以汇聚成火焰，去点燃那些受灾的人的希望。

也许，有时我们都忙于去寻找希望，把希望变为现实，却忘了给予别人希望。给予别人希望并不难，一颗关切的心，就能够让我们身边的人感受到美好，感受到爱。

当我们的朋友悲伤失意的时候，我们要学着去倾听他的困扰。有时候倾听能让他们感到温暖；当我们身边的人遇到挫折时，我们学着去鼓励他们坚强勇敢，有时候鼓励能告诉他们仍有人对他们充满信心；当我们心爱的人感到孤单寂寞的时候，我们学着静静地陪伴他们，有时候陪伴能让他们知道，他们并不孤单，仍有人在意他们的寂寞。

一个善意的微笑，一个热情的拥抱，一句鼓励的话语，一个信任的眼神……也许都能成为别人继续为梦想而努力的希望，成为他人摔跤后站起来的希望，成为他们勇敢迈步的希望，成为别人活下去的希望。当我们陷入困境的时候，不正是因为这样一些温暖的希望，才会笑着去回忆我们曾经受过的伤。

因为获得，所以学会付出。把我们曾经得到过的美好，也用我们的方式传递下去，把希望这充满正能量的事物无限放大。

给予别人希望并不难，给予爱与关心就是给予希望。当我们付出行动的时候，我们会发现，希望对于别人是如此有分量。

生活的车站——等待

  随着社会的发展越来越快，我们的生活节奏也变得很快，好像我们什么事都等不了，都在急于求成——我们想要的马上就在我们手里，学习成绩不理想最好一下子就能改善，做不好的事情一天就能上手……等待，离我们越来越远。

  有一个学设计的年轻人，在学校时获得过很多奖项，但是当他走出校门踏入工作岗位时，他发现每天做的都是很琐碎的事情——整理文件、接待客户，给其他设计师当助手。他觉得他在虚度光阴，他的才华完全被埋没了。小伙子想尽快把自己的设计才华展现出来，得到肯定。可是如今的工作状态，让他每天都很苦闷，他甚至想放弃，另谋出路。

  一个周末，朋友们约他去爬山看日出，而那天凌晨他们要起来看日出时，发现天是阴的，于是有几个人继续睡觉没有起来。

另外几个人起床去登山看日出，等他们爬到了山巅，天已经蒙蒙亮了，有几个人等了一会看云彩还是没有散开的迹象，便失望地下山了。

但是这个年轻人还是希望能看见日出，给他看似灰暗的人生一点光明。于是他继续等待，等到了五六点钟，山巅上只剩下他一个人，他失望地摇了摇头，觉得今天是看不到日出了，就在他准备下山时，云彩散开，太阳升起来了，红彤彤的太阳照着这个年轻人的脸庞，他被眼前的景色震撼了，虽然没有见到太阳一点点地从地平线上升起来，但是他看到了光芒一点点从云层中透出来。最后终于冲破了云层的那一轮红日，鲜艳而温暖的红色，震撼了年轻人的心。

年轻人恍然大悟，他目前的生活不也正是如此吗？虽然目前的生活看起来死气沉沉，但是乌云是遮不住太阳的。太阳也许就是在等待光芒四射的这一刻。

下山之后，小伙子静下心来踏踏实实地工作，认认真真地跟前辈学习，他明白自己只是在等待，他在等待的过程中努力积累经验。终于在几年之后，他的等待和积累有了回报，他设计的作品获得了国际大奖。

我们的生活不能匆匆而过，有很多事情注重的是过程，而不是结果。人生有很多车站，我们需要站在车站去等待我们想要的幸福列车，这列车有它运行的时间，我们追不来，只能学会等待。等待机会，等待成长。

在深山里的一个山谷中，长着很多果树，还有一个池塘，里面有很多小鱼小虾。春天来了，有两个年轻人从山外面的村子进到山里想要寻找一个富饶的地方，改变贫苦的生活。

第一个年轻人找到这个山谷，他看到满山的果树，但是上面却没有果实，而且树干并不是很粗壮。他又看到山谷中间的池塘，可是里面却只有一些小鱼小虾。于是他觉得，这是一个贫瘠的地方，果树没有果实，池塘都是小鱼小虾，完全不是一块肥美富饶之地，他决定离开山谷，继续去寻找富饶的地方。

而另外一个年轻人找到这个山谷之后，他也看到满山的果树和游着小鱼小虾的池塘，但他却很开心，虽然这些果树没有结果，池塘里的鱼虾很小，但是若是精心照料一番，以这些果树和鱼虾的数量来看，那可是丰厚的回报。他眼中的山谷并不是一片贫瘠，正好相反，他认为这预示了硕果累累的秋天，虽然现在一切看起来都不是那么理想，但是时间会孕育出那些他想要的丰富成果。

在接下来的几个月里，他悉心照顾满山的果树，认真喂养池塘里的鱼虾，等到秋天到来的时候，他获得了巨大的丰收。

人生也是如此，每个人都会经历贫瘠的春天，但是只要耐得住等待，就会迎来丰硕的秋天。自然有它的时间安排，绿芽需要春天的暖风，树叶需要夏日的阳光，腊梅需要冬天的冰雪，不只是收获的秋天，每个季节都有着世间不同的万物在等待。我们也是一样，所有的获得不会手到擒来，仍需付出和等候。

急于求成只会让我们乱了节奏，只会遮蔽我们本应该发现的美好，因为太快，我们甚至来不及发现那些对于成功至关重要的因素，甚至来不及去认真想一想一件事情的过去、现在和未来，来不及去看看事物背后更加丰富的样子，太过急躁有时只会让我们得不到成功，甚至走向了失败。

没有经历过等待，我们不会在太阳跳出地平线那刻，在感叹美好的等候；没有经历过等待，我们不会发现一朵花开背后的孕育，赞叹自然的奇妙；没有经历过等待，我们不会认为果实成熟坠地的那一秒多动听，惊叹时间的积攒……

梦想需要时间，我们需要等待，等待梦想变为现实的那一天，梦想不会笔直地照进我们的现实，我们需要努力，需要等待那些努力积累直至小宇宙爆发的那一天，梦想就来到面前。努力的时间永远不会是徒劳，结果最后揭晓的那一天，一定会是你想要的。成功需要时间来努力，长大需要时间来磨炼，幸福需要时间来敲门，我们只需在时光中慢慢等待，在时光中把自己变得更优秀，来迎接未来的美好。

停驻是为了更好地前进

　　停下来，不是放弃，是为了能够更好地前进。慌乱的我们是否想过停下脚步，看看身边的风景？不只是为了赶路，不要为了那个我们渴望已久的结果，却忽略了旅途中的美丽景色。青春岁月里忙着成长的我们，也许可以停下追赶时光的脚步，看看我们身边的一张张笑脸，看看我们走过的年少的脚印。

　　我们想要的东西很多，我们总是不停地迈开脚步去追寻那些我们想要的，时间好像总是不够，害怕多等一秒我们的梦想就会飞走。可是，我们却忘了，追逐的过程也是一种财富，我们的眼里只有结果，却忘了看看我们奔跑时的激情和勇敢的步伐，忘了看看一路风景，忘了让自己休息一下，为长途跋涉积蓄能量。

　　一个商人在短短几年时间内，就建造了属于他自己的商业帝国，生意遍布全国，而他的目标就是在五年之内把生意做到全世界，让世界的每一个国家都有他的分公司。

一天，外地的分公司出现了一些状况，一定要他亲自去处理。当他赶到机场时，刚好赶上了雷雨，飞机不能起飞，起初他十分急躁，可是他的急躁并不能让雷雨停下，无奈之下他只能去机场的咖啡馆，等待飞机重新起飞。

在咖啡馆坐下来以后，他发现他已经很久没有坐下来慢慢地品尝一杯咖啡了，每天都是为了生意到处奔波，于是他静下心来慢慢地品尝这杯"来之不易"的咖啡，终于雷雨过去了，他的飞机也终于可以启程。在飞机上他想了一下这一天发生的事情：早上的万里晴空，中午的狂风暴雨，傍晚的晚霞满天，虽然在机场等待的时间有点长，但是平安上路总比冒险前进要强上千百倍。

当他到了分公司，并没有像往常一样马上处理问题，而是召集了分公司的高层，让大家一起分析为什么会出现这种状况，从根源上解决问题。回到总公司后，他改变了五年之内把公司开满全世界的这个目标，大家都以为他是被分公司的状况吓怕了，不敢放开手脚继续前进了。

事情当然不是这样，他停下了继续扩张的脚步，重新来审视自己的企业，用了几年的时间把所有分公司的基础都重新筑牢。几年之后这些公司为他积累了雄厚的资本，他才开始继续向国际市场进军，最终他的公司成了业内的龙头企业。

两台机器承担着同样的职能，一台不停歇地运转，一台工作一段时间就关机保养，结果是那台时常休息的机器使用寿命更长。因为在运转中两台机器都在不同程度的磨损着，若不进行休息，磨损的程度会越来越大，加上不进行保养，机器更难承受磨损，就崩溃得更快。然而常常关机保养的机器虽然从短暂的时间来看，它工作的效率似乎不如天天运转的机器，但是从长远来看，只有休息保养的机器能够贡献更长的工作时间。

我们的生活就像是机器一样，不管是我们的身体还是精神，每时每刻都在不停歇地运转，这样，只会加快我们崩溃的速度，然而生命恒长，我们要的不仅仅是短暂的成功和荣誉，我们的生活还要充满快乐和热情。

有一个电影编剧费恩，写的剧本连续被拍成电影，而且票房表现都很好，一时间成了全世界炙手可热的大编剧，无数的导演、明星都希望与他合作，明星们都以出演他的剧本改编的电影为荣。

然而就在他事业的顶峰时期，他却宣布退出影坛，未来的很多年都不会再写剧本了，至于复出的时间，他自己也不能确定。就这样，他在影视圈消失了很多年，他给影迷、明星带来的影响也在渐渐褪去。人们都在猜测他离开影坛的原因，有的人认为他是承受不住人们给他的太多期待和压力。

就在人们都为他叹息的时候，他却又以一部轰动全球的电影作品出现在人们的视线当中。大家都很不理解，为什么在事业顶峰时他选择退出，而又在几年之后，他的热潮渐渐退去时又选择复出。大家对他失踪这几年发生的事情感到很好奇。

后来在一次专访中，他道出了这个"秘密"。原来当年他觉得再也无法超越之前的作品，觉得很苦闷，于是就决定退出影视圈。在他失踪的几年中，他环游了世界，见识到了世界的广阔，见到了大自然的雄伟，见到了各种不同的风土人情，让他重新又有了灵感。而复出时轰动一时的电影，也正是他这些年的感悟所凝聚出的一部作品。

虽然工作停了下来，但是他的身体、心灵都在前进着，停下也是为了更好地前进。停下来，不只是为了休息，还为了看看来时的路，停下来看看此时的自己，有没有比从前更好，看看现在所做的一切是不是顺从着自己的心，是否真的喜欢。很多时候，我们都只望着前方，却忽略了看看自己的内心。

忙着往前奔跑的时候，我们不要忘了自己本身，想想自己的灵魂有没有还寄住在我们向前奔跑的身体里，停下来也许是为了等待我们没有跟上的灵魂和心。停驻，看看自己身后的路，也看看自己眼前的路，是不是还要在这条路上走下去。

我们总是需要时间静下心来回望过去，看看现在，展望未来。这个时候我们就需要停下奔波的步伐，站在星空下静静聆听自己心里的声音。快乐或者满足，悲伤或者忧虑，就像不停地往一个背包里装东西，我们总需要一个时间整理，才能更好地去下一个地方。

清空自己，留下那些该坚持的，丢弃那些烦扰我们的，只为了更好地前进，所以我们需要停下来。停驻不是放弃，只是想要更接近心的方向，停歇是为了储存更多的能量去等待下一次的爆发，休止符有时也是一曲美丽乐章不可或缺的。

"南瓜不说话，只是默默地成长"

《当世界年纪还小的时候》里有这么一段话："洋葱、萝卜和西红柿不相信世界上有南瓜这种东西。它们认为那是一种空想。南瓜不说话，默默地成长着。"我想，也许有时候我们就是南瓜，我们都会遇到洋葱、萝卜和西红柿，遇到一些怀疑，可是我们要做的不是去开口争辩南瓜存在的可能性，或者惊呼："你们错了，我在这里！我在这里！"而是默默地自我生长，这便是最好的自我证明。

一棵大树的旁边长出了一根藤，附近的人看到了，都很奇怪这棵藤会是一株什么植物。

开始有人说："这是一根葡萄藤，等到秋天的时候我们可就有葡萄吃了。"大家非常开心，期待着秋天的葡萄，小孩子们更是开心极了。其实这根藤是一根葫芦藤，它使劲地摇它的叶子，想跟别人解释他不是葡萄而是一株葫芦，可是大家只看到它的叶片在晃动，以为是微风吹起，并没有人看懂葫芦藤的心思。

之后又有人看到这根藤，他推测说："这肯定不是葡萄藤，这是牵牛花的藤蔓，花开出来一定很美。"小孩子很期待，因为他们可以摘下牵牛花，当美丽的花冠。葫芦藤很着急，它拼命摇动叶片，人们仍然没有注意葫芦藤的心思。

有人在旁边马上反对道："不，不，不，这一定不是葡萄藤也不是牵牛花藤，这是苦瓜藤。以后我们就有苦瓜吃了，苦瓜清热消暑，最好了。"葫芦藤一心还是想要告诉人们，它不是苦瓜，它是葫芦。

这个时候树对它说："不要解释了，等到秋天的时候你结出果实来，大家就会知道你是一株葫芦了。"于是在以后的日子里，有人说它是一株牵牛花藤，有人说它是一根苦瓜藤，它都没有去解释。夏天过去了，它没有结出葡萄、苦瓜、开出牵牛花，直到秋天到来的时候，它结出来很多葫芦，大家才恍然大悟，原来这是葫芦藤。

有时候声音越大，越使我们心里不安，那是因为我们太过于渴望别人的肯定和欣赏。其实，我们每个人都是不完美的，我们固然需要别人的赞扬，可是更多时候我们却不能太在乎外界的声音，我们只需默默生长，默默地成为我们想要的样子。花太多的心思和时间去想怎么让别人来认同，不如多多关注自己，把正在发生的现在变成今后不后悔的过去，把此时流逝的时间抓住，不浪费在无谓的急切之中。

就像白雪不用证明自己的纯洁，树木不用证明自己的高大，海豚不用证明自己善于游泳，鸟儿不用证明自己的歌声，很多事情都不用去证明，因为我们都会成长起来，我们都会得到幸福，我们的梦想一步一步在靠近。

默默地去努力，像南瓜一样，不为了洋葱，萝卜和西红柿的怀疑去停止成长，只是无声地去长成金黄的、美丽的样子。不用为了急于证明我们自己，而打乱了前进的步调，一步一个成长的脚印，时光会给大家一个最公正的答案。

有一个著名的雕刻家，他想为自己做一个雕像，于是就对着镜子进行雕刻，经过一段时间的精雕细琢，他终于完成了这个作品。他仔细端详这座雕像，觉得这个作品很完美，跟自己的样子简直是一模一样，于是他把这件作品用相机拍下来，把照片放在了自己的网络相册里，希望得到大家的赞美。

可是没多久，就有人评论说："这件作品的眼睛完全不像你，应该再改得大一点。"于是他就照着这个人说的改了一下。改完之后又把照片拍下来传到了网上，又有人来说："你的雕塑的鼻子跟你自己的一点都不像，你的鼻子没这么矮，应该再高一点。"于是他又照着这个人说的改了一下，改好后又把照片放在了网上，可是没多久，又有人说："你这件作品的嘴巴跟你本人的嘴巴完全不一样，嘴角应该翘一点，还应该再小一点。"

于是他又继续修改。改来改去这件作品的每个地方几乎都被改了一次，当他把最后修改好的作品照片传到网上时，他心想，这次应该像我了。

可是出乎他的意料，所有人都说完全不像他自己，雕像和他本人完全是两个人。他自己看了看，也发现跟自己一点共同点都没有，反过来看最开始的雕塑，才是最像自己的。他便决定丢掉这座最后的雕像，重新开始雕刻一个自己，忠于自己的眼光，自己的审美和感觉。

雕刻家最后的作品变得面目全非，只是因为他太在乎别人对他的看法，模糊了自己对自己的认识，雕刻出一个别人心中的自己，一个和他自身相距甚远的雕像。

一心只看着别人，我们就会慢慢忘了原本的自己是什么样子，太在乎别人对我们的看法，追随着别人的眼光，我们就会变成一个连自己都不认识的自己。听到否定我们的话语，我们就急躁起来，想要去证明自己的正确性，或者改变我们自己来赢得肯定，可是这样的我们就不再是真实的自己了。

我们的青春那么短暂，若只为了别人的言语，就把我们最好的年华浪费在怀疑和否定中，那就太不值得了。我们要穿过现实的迷雾，不为浮躁的声音而变得急不可耐，去寻找真正的自我，绽放出青春里最美的自我色彩。

静下心来，聆听我们灵魂的歌唱，这是世界上最美、最真实的乐曲，听见外面的声音却更忠于自己的内心，世界太嘈杂，只有沉下心来，让心脏平静地跳动，然后默默地继续自己想要的生活，想要的梦想，做一个有着太阳般最美色彩的南瓜，"不说话，只是默默地成长"。

享受过程

我们总在寻求一个答案和结果，所以我们变得很匆忙。人生的终点是死亡，人生的意义便存在于从生到死的过程中，生活中有很多事情和人生一样，最重要的是过程，享受过程，才是我们最重要的人生意义。

作家珍妮想要写一本关于历史题材的小说，于是她到一个古镇上，希望那里淳朴的民风和悠久的历史能给予她更多写作的灵感，在她几个月的创作时间里，她每天跟镇上的老人聊天，跟镇上的小朋友做游戏，她还查阅这个地方的地方志，了解这个地方的历史。一如她当初想的一样，这个地方真的给她写书提供了不少的帮助，她开始写小说，她白天所看到的、听到的和体验到的，全都涌现出来成为她的灵感，晚上写作的时间成了她最愉快的时光。

　　珍妮完成了这本书回到城里，把这本书稿交给出版社，出版社却以各种理由拒绝出版她的小说。珍妮觉得很沮丧，浪费了几个月的时间不说，也白白浪费了她的一番心血。珍妮想把这本没用的书稿撕掉，可是当她再翻开书稿时，眼前却浮现了当初在古镇上生活的一幕幕。她突然意识到，这本书给她带来的真正财富并不是最后可以出版，而是她采风和创作的过程。古镇上的每一个人都给珍妮带来了一笔财富——睿智的长者、天真的孩童、淳朴的友邻，甚至古镇的每一块砖、每一片瓦都丰富着她的人生阅历，因为古镇的一花一草的美丽都被她珍藏在记忆中，那是珍妮心中最美的风景，当她再回忆时，她内心都涌起一片温暖。

　　结果往往是对过程的一个总结，但是结果并不代表过程的一切，所以我们不用因为结果而去否定过程。就像我们努力学习，期末考试却并不理想，但并不代表所有努力和认真都是徒劳，就像我们努力向一个地方前进，就算最后没有到达，也并不代表沿途所看到的美丽风景都是假象。过程的意义有时候比一个结果更具有价值，因为过程我们有了积累，因为过程我们才能得以从稚嫩的婴孩，到达现在如诗般美好的青春年华。

　　我们经历的事情并不一定每件都可以给我们带来实质性的收获，带给我们收获的，往往是被我们忽略掉的过程，学会欣赏过程之美才是人生最大的收获。

　　春夏秋冬，昼夜交替，自然有它的规律，时间也按着它的步伐在运行。我们不会突然成功或者失败，那是因为所有我们重视的结果其实都是积累而成，最终的后果都是过程的产物，我们怎么做比得到什么要有意义得多，我们不需要为一个结果慌张地奔波害怕，努力的过程不就是我们最该享受的吗？

我们一边努力，一边等待着时机，等待的过程里我们不用慌张害怕，因为只要努力，该来的总会来，努力不会白费，就算最后结果会有些偏差，也不会一无所获。付出的过程中，我们可能会有摔跤时的失望、伤心，会有获得小小进步的快乐激动，会有该不该坚持的彷徨、迷惑，会有对未知情况的恐惧害怕……

所有的这些都是在努力的过程中体会到的，也许还不止这些，因为这些人生百味，并不是一个结果能够概括。当我们急于去追寻一个答案，眼里只有故事的结尾，我们便错过了那思考的乐趣，那故事中的跌宕起伏的情节。

村庄里有一个农夫很喜欢画画，而且也画得很好，但是迫于生计，他却只能以种田为生，从没有机会和时间走出他生活的那个小村子去更广阔的世界学习画画。

他很崇拜一个画家，这个画家是以画世界各地的风景闻名，巴黎的铁塔，东京的樱花，埃及的狮身人面像，印度的泰姬陵，都在这位画家的画笔下呈现出不一样的神韵。他羡慕这个作家可以到处游走的同时，也抱怨命运的不公。他抱怨上天只给了他灵巧的双手，却没有给他见识世界的机会。

令人不可思议的事情发生了，这位画家竟然来到了农夫生活的小村子采风，农夫在听说后的第一时间就找到了这位画家，他激动地诉说了他对画家的崇拜之情，画家看了农夫的画后也很欣赏农夫的才华，两人一见如故，就像老朋友一样聊了很多。

农夫对画家说出了自己的苦闷：自己空有一双巧手，却没有美丽的风景让他画出来，他多想象画家一样可以画遍全世界最美的风景。

画家听了农夫的话，淡淡一笑，对农夫说："你生活的地方是我这辈子见过最美丽的地方，漫山遍野的鲜花、波光粼粼的湖水、慵懒的花猫、调皮的小狗、沧桑脸庞的农人，每一样事物都可以构成最美的画卷。"农夫听了画家的话，呆住了，几十年的生活一幕幕地浮现在眼前。

生机勃勃的春天、繁花似锦的夏天、硕果累累的秋天、银白静谧的冬天，每次他务农的时候只顾着查看庄稼的长势，却忽略了他劳动过程中这些美丽的景物，现在仔细一想，每个季节、每个角落都可以画出无数幅美丽的图画，只是之前的他只想着外面的世界，却忽略了眼前最美的景色。

画家离开后，农夫每天都画画，他把身边每一个美丽的细节都留在了画布上，几年之后，这个农夫成了一名著名的以乡村风格为主的大画家。

正如罗丹说的："生活并不缺少美，而是缺少发现美的眼睛。"有些时候，我们的双眼只是盯着最后的结果，只是想着我们没能得到的东西，却没有发现，我们在追逐这些东西时，被我们忽略了的过程，被无视的每一个当下，都是极其美丽的。

天真烂漫的孩童时期，我们阳光灿烂的青春年华，甚至以后我们还未曾体验到的成人世界，每一个阶段都不可复制、不可重来，每个阶段的欢笑与泪水都该被我们铭记和热爱。曾有人说过："一根线的幸福，可以拥有无数点的幸福。"我们生活里的点点滴滴就是幸福这条长线上的构成，没有这些看似微小的幸福瞬间，我们所认为的欢乐结局也不会存在。

一起牵手，一步一步走

有一个小女孩，在她很小的时候妈妈就去世了，她跟爸爸相依为命。她的爸爸是个商人，工作很忙，基本没有时间陪小女孩。小女孩经常想是不是我不够乖，所以爸爸不喜欢我呢？于是这个小女孩每天都很听话，小小年纪就可以自己穿衣服、吃饭，但是也没换来爸爸的任何表扬。

过了两年，小女孩上了小学。她想，会不会我好好学习，在学校得到表扬，爸爸就会多关注我一点呢？于是她在学校里面认真地学习，在所有老师眼中她都是出类拔萃的好学生，可是她的爸爸仍然没有对她多关注一点，就算她考试得了全校第一名，她爸爸也没有像她想象的那样把她抱起来高高地抛在空中。就算她拿了三好学生的证书回家，她爸爸也没有像她想象中那样带她去公园玩一天。

她有点灰心了，她觉得爸爸可能并不爱她，可是她还是不甘心，她觉得一定是哪里做得还不够好，如果她再努力一点，她爸爸一定会带她去公园玩的。

又过了几年，这个小女孩小学毕业了，上了中学，而且还是她那里最好的中学。她想，爸爸一定会为她感到骄傲的。可是当她兴高采烈地拿着录取通知书给她爸爸看的时候，爸爸只是淡淡地看了一眼就接着去忙他的工作了，小女孩很失望地走了，却忽略了她爸爸眼睛里一闪而过的光芒。

在中学，小女孩依旧很努力，她还是相信只要自己再努力一点，她爸爸就会变成她梦想中慈爱的父亲。可是结果还是让她很失望，无论她怎么努力、取得了多么傲人的成绩，她爸爸对她都是淡淡的，终于她的心凉了，她觉得爸爸根本就不爱她。她决定在考大学的时候考到一个很远的地方，永远都不回这个没有爱的家。

高考结束了，小女孩的表现依然很优秀，她也如愿以偿地考到了那个遥远的城市，当她把录取通知书拿给已经不再年轻的爸爸看时，她爸爸还是一如既往的淡漠的表情，她的心彻底跌进了谷底。

进入大学校园，她的优秀吸引了很多同样优秀的男孩子，终于她也恋爱了，找到了一个很爱她的男孩子。她感受到了从来没感受到的温暖，她做了一个很重要的决定：毕业就嫁给他！这个决定她甚至都没有跟爸爸商量一下，当她毕业之后，准备结婚之前，把这个消息告诉了爸爸，爸爸还是淡淡地点了点头，而这时的她也已经习惯了父亲的这种冷漠。

婚礼上，父亲送给她一个礼物，是一个厚厚的本子，上面记录了这个小女孩成长的一点一滴，从她出生开始，她第一次笑、长第一颗牙、第一次站起来、第一次迈开步子，很多的第一次，还有每次小女孩获得奖励也都记在这个本子上，还有每一次他的感受，满满一本子，都是一个父亲的骄傲与关爱。女孩震惊了，她一直以为不爱他的父亲竟然一直关注着她的成长，没有漏过一点一滴，她认为的"不爱"只是因为爸爸不会表达，她以为爸爸的不满意，只是因为爸爸不太会去拥抱自己的女儿，她幻想的爸爸的冷漠，只是因为爸爸的不善言辞，其实那一点一滴的成长和改变早就刻在爸爸的心上。

也许很多时候，我们都听见爸爸妈妈在催促："你能不能快一点。"我们总在想，父母好像总在催促我们，催促我们能够快一点长大，催促我们快一点懂事，催促我们快点赶上身边同学朋友的步伐，他们好像总是忽略了我们每一步的样子，只重视我们最后的结果。

其实不然，我们的爸爸妈妈都把我们记在心间，他们的催促只是一种希望我们能够更好地成长的体现，而不是一种和他们认为好的孩子进行比较而产生的急切，因为在父母的心目中，只有自己的孩子是最好的。

令我们刻父母最开心的事情，是可以陪着我们慢慢长大。看着我们一步又一步前进，在成长的过程中始终都是爸爸妈妈牵着我们的双手，陪着我们慢慢长大成人，这便是为人父母最欣慰的地方，最感动的时分。

　　我们不追逐快速的飞翔，不急躁、不慌乱，我们只要不负每一分每一秒，和我们的爸爸妈妈一起牵手，一步一步地走向成长，走向我们心之向往的最美的地方。